佛教禪定學寶典

六門教授習定論釋義

漢傳佛教最流行的禪修指導書
是天台智者大師的《小止觀》，
而《六門教授習定論》
則被當代佛學大師呂澂先生認為
是所有佛教禪定教學最精要的寶典。

溫金柯 釋義

自 序

　　打坐，這是幾乎所有學習佛法的人都會接觸到的，其他的修身、健身、養生、心理諮商等等領域，也多少如此。

　　打坐其實就是獨處。在一個單純的環境中，返觀自照，和自己相處。對於每一個人來說，誰沒有獨處的經驗呢？事實上，一個人如何獨處，與他的生命狀態息息相關。因此，當一個人開始打坐獨處的時候，如果沒有人引導，往往就是處在自己的迴圈裡面。所以，雖然獨處是人人都有的經驗，但是打坐卻須要向他人學習。

　　我曾在一個跨宗教研討會的場合，遇到一位來自香港的年輕女基督徒。休息時間和她聊天。我說：「看妳的眼神，覺得妳是經常打坐的人？」她於是告訴我她學習打坐的經歷。她曾經因為丈夫外遇而離婚，當時非常痛苦，在和心理諮商師協談的時候，悲泣無法停歇。心理師教她把注意力放在呼吸上，她馬上可以截斷情緒，感受到前所未有的平靜。這次的經驗使她驚奇地發現了禪修的奧妙。此後，她就開始去在市面上尋找可以上的禪修課。她告訴我，主要接觸的是以在香港的印度傳統的禪修老師為主。

　　應該說，打坐禪修的教導，在人類的知識寶庫中，可以說是源遠流長、歷久不衰的，所以也呈現出五花八門的樣態。市面

上教導禪修的課程不少，禪修的技巧被應用在心理諮商和健康養生的課程中，都說明禪修距離我們日常的經驗並沒有太遙遠。但是實際上，觀察台灣佛教目前的情況、雖然佛教道場舉辦的禪七、佛七等禪修活動時有所聞，很多佛教徒也都會以打坐為日課，但是佛教禪定學的知識不清晰、不普及，也是很多台灣佛教徒心知肚明的事實，並且也是一些有心人嘗試補足的一個重要的課題。

如昭慧法師在2001年，性廣法師的《人間佛教禪法及其當代實踐》的序言中說：「止觀法門之完整次第，是早已在中國佛教的文獻與師承中失傳了。」換言之，在禪定學上，我們存在著「技巧的集體忘失」這樣的問題，因此，這也是近年來，台灣佛教界興起向南傳佛教學習禪修「技巧」風氣的原因。

說起漢傳佛教文獻中的禪修技巧，流傳最廣泛的，應數天台智者大師的《小止觀》。這本書應該說，讀過的人不少，包括不是佛教徒也會學習。譬如錢穆先生的《師友雜憶》，述及自己年輕時勤習靜坐：「雜治理學家及道家佛家言，尤喜天台宗《小止觀》」。吳展良教授在〈學問的入與出：錢賓四先生與理學〉一文中提到，錢先生中年以後，還對他學到的技巧做了改良。「他說：息念是一門很大功夫，靜坐當然是幫助人息念的好辦法，只是靜坐很花時間，又要有個安靜的環境。他自從到香港，時間環境都不許可，無法靜坐，自己只好變通改為靜臥，五分十分鐘全身放鬆，腦中無雜念就是最好的休息。他又利用打拳、散步、乘巴士、走路，隨時隨處訓練自己去雜念，所以每一坐下，就可以立刻用功。」

筆者之所以知道現在註釋的這部《六門教授習定論》，也

與《小止觀》有關。記得十多年前，我曾利用上班的空暇，在輔仁大學宗教研究所博士班就讀。該所與中國人民大學宗教研究所有交流，每隔一年各在北京和台北舉辦研究生的論文發表會。我在所上的安排下，也去參加當年的活動。在活動安排的旅遊行程，在什剎海旁宗教局門口的小書店，買到一本簡體字的《小止觀》。薄薄一本。有趣的是，在該書的最後有一篇短短的跋，現在忘記寫的人是誰。他說，《小止觀》雖然流傳很廣，但正宗的佛教禪定學，依他的老師呂澂先生的看法，應該是《六門教授習定論》。呂澂先生是當代中國佛學界的大家，他的品鑑，當然會促使我去找《六門教授習定論》來讀，並且也閱讀了呂澂先生對《六門教授習定論》的講記。

《六門教授習定論》一卷，無著菩薩造頌，世親菩薩注釋，是唐代義淨法師於長安三年（西元703年）十月四日於西明寺譯出。在《大正藏》中，沒有任何的註解與引用。或許可以說，這部論之所以被看見，呂澂先生的提倡與介紹是關鍵。

呂澂先生這樣介紹《六門教授習定論》：「稽之歷史，佛學部派中，上座部最重定學。由上座派分有化地部，乃至旁及大乘瑜伽行系，對於定學之研究，皆稱完備。而大乘談定之書，則以無著所傳《瑜伽師地論》〈本地分〉中『三摩四多地』、『修所成地』、『聲聞地』等為詳，餘如《顯揚》、《莊嚴》亦有談及，但最精粹之作則本論也。論有三十七頌，經世親之詮釋，其義益顯。昔義淨法師留印那爛陀寺，無著之學正盛，所傳定學之書，即無著本論與世親《止觀門論頌本》（此論無釋）二種也。本論獨到處，在於定學教授之說，悉備其中。」可謂推崇備至。

接下來，呂先生又舉宗喀巴大師的《菩提道次第》和「中

土的般若禪和禪宗」各有缺失。然後說：「上舉各種疑義，勘之本論，悉得正解。其為定學教授之要籍，又孤傳此土，至足珍貴矣！」這樣看來，在呂澂先生的眼中，《六門教授習定論》可以說是定學的至寶了。

閱讀本論，可以說和讀《小止觀》有很大的不同。《小止觀》會談的調身、調息、調心等技巧性的細節，還會談到為修定必須做的種種環境上的安排，譬如不要閱讀書籍、遠離人迹等等，還有魔事、治病等等週邊的事項，本論則談修定的意樂（動機）、資糧、正修的所緣境的類別、深入的次第、作意的種類、散亂的種類、禪定的相狀，依據的師資和見地，以及修習使心得清淨的原理與要訣，還有所得的果是什麼，其內容可以說是更加的嚴謹和詳實。無怪乎呂澂先生對它推崇有加。

但是本論閱讀起來，由於古印度論書的寫作格式，加上翻譯語詞的古奧，和現代中文的閱讀習慣相距甚遠，因此備覺生硬。為了克服語詞上的障礙，我先嘗試用現代白話文做了翻譯，方便自己進一步研讀，並把它放在自己的個人網站上。

稍稍理順語詞閱讀的障礙，但是論義還有很多費解的地方。包括所謂「『上所緣』是『以意言所現之境為所緣』」究竟何所指？「尋和伺」確切指的是什麼樣的心所？以及「九種住心」指的是什麼樣的狀態？都無法透過呂先生的註釋弄明白。特別是呂先生認為，九住心「皆定前之加行，至得等引而後，方堪修習正定止觀也」。並且認為「本論第三門列舉九住之說，所以明未習止觀之前，須有住為其因，亦即先有專注，始能修習止觀也。此住雖似於止，但以作止觀之準備，並非真正止觀。是義獨詳於本論。若不諳此，直以九住為止，於是止觀先後次第，議論

紛紛矣」，並據此以批評宗喀巴與禪宗，認為他們不懂。

　　也就是說，呂先生認為，在修習「止觀」之前，必須經過「九住心」的鍛練，增強其「專注」才可以。而且認為「是義獨詳於本論」，是本論最重要的地方。但「九住心」在本論只列出了九個名詞，並給予簡要的解釋：「若於最初學緣境時，其心堅執，名『最初住』，次於後時令其正念流注不斷，名『正念住』。若依託此有亂心生，更覆審察緣境而住，名為『覆審住』。次於後時轉得差別，名『後別住』。次於後時對治生起，心得自在，生歡喜時，名『調柔住』。於此喜愛，以無愛心對治生時，無所愛樂，其心安靜，名『寂靜住』。次於後時，所有已生未生重障煩惱為降伏故，名『降伏住』。次於後時，以加行心於所緣境無間隨轉，一緣而住，名為『功用住』。次於後時，於所緣境心無加行，任運隨流，無間入定，緣串習道，名『任運住』。」讀呂先生的註釋，對此「九住心」並未做任何的說明。這些都是使我在閱讀本論時，覺得無法徹底明白，了無疑惑的地方。

　　因此，雖然我把「《六門教授習定論》現代語譯」放在個人網站上，有中國大陸的學生表示要把它放在他們的微信公眾號上轉載，我以尚有問題未弄清楚而婉拒。從該文上網到現在應該有十年以上的時間，偶爾在上班與教學之餘，摸索探究其中的難點。終於在去年，透過不同經論對於禪定次第與相狀的描述，看出「九住心」其實就是「四靜慮（或譯四禪）」的前前與後後。九住心已經包括了色界四禪，呂先生說九住心「皆定前之加行」顯然是其盲點。

　　如何看出「九住心」中包含了「四靜慮」？最主要的關鍵

點在於這句：「次於後時對治生起，心得自在，生歡喜時，名『調柔住』。於此喜愛，以無愛心對治生時，無所愛樂，其心安靜，名『寂靜住』。」和《大智度論》對於三禪和四禪的描述若合符節：「行者觀喜之過，亦如覺觀；隨所喜處，多喜多憂。所以者何？如貧人得寶，歡喜無量；一旦失之，其憂亦深，喜即轉而成憂，是故當捨。離此喜故，行捨、念、智，受身樂。是樂聖人能得能捨，一心在樂，入第三禪。行者觀樂之失，亦如觀喜，知心不動處，最為第一。若有動處，是則有苦；行者以第三禪樂動故，求不動處。以斷苦樂，先滅憂喜故，不苦不樂，捨念清淨，入第四禪。」由此可見，「調柔住」是第三禪，而「寂靜住」是第四禪。

據此，可以看出：（1）最初住和（2）正念住是「定前之加行」，而（3）覆審住是初禪，已經「入定」。（4）「後別住」是二禪，（5）「調柔住」是第三禪，（6）「寂靜住」是第四禪。（7）「降伏住」是以第四禪降伏所有已生未生重障煩惱，（8）「功用住」是透過加行力，定境不會中斷，（9）「任運住」是透過串習力，定境自然而然不會中斷。

除此之外，「九種住心」，在無著菩薩所著，而三個不同譯者所譯的：波羅頗蜜多羅《大乘莊嚴經論》、玄奘《瑜伽師地論》和義淨的《六門教授習定論》都有提到，所譯的語詞也有差別，但經過參考和對照，也可以確定上述的判定是正確的。

破譯了這段以後，本論的架構和義理就清晰起來。九住心並不是「定前之加行」，而是包括定前之加行，和四禪的升進，以及其後進一步的降伏重障煩惱和定境的熟練到無中斷。而本論在九住心之後，特別談到依「於有尋有伺定、無尋唯伺定、無尋

無伺定，來修習奢摩他、毘鉢舍那」，並不是在九住心完成之後，才來進行止觀的修習，而是在「有尋有伺定」的初禪與「無尋無伺定」的二禪之間，進行止觀的修習，並指出這樣舉策、寂止、捨之間，進行隨時的調整平衡，是使心得清淨的原因。

本論最值得一提的是它把修定的資糧，清楚的界定為「聞思修三慧」。說以外所緣修定，得到「作意住」，上所緣得「世間清淨」，也就是不離三界的生天、而內所緣得「出世間清淨」，也就是解脫。換言之，圓滿的作意，是以「無倒正見」為基礎的。本論把「內所緣」，也就是「以意言之所現之境為所緣」指出其內容就是「了法無性」。說「毘鉢舍那」對治「見障」，「奢摩他」對治「麤重障」，都可以看出本論對於慧學在修定時重要的作用。

此外，本論對於在修學過程中調伏我慢，特別加以強調。在修定資糧時，提到所謂的「熱惱」，就是「令他識見」與「自高見」。在談到「散亂」的類別時，也指出我慢的過患。這些都是值得重視的要點。

透過本論的閱讀，我認為讀者可以釐清在學習禪定時的諸多疑惑，也能夠在佛學上解釋為什麼佛教的各個宗派的修行法，包括呂澂先生所批評的宗喀巴和中土禪宗，他們各自所重的地方何在，而且為什麼都是可行而有效的。甚至也可以藉此剖析《小止觀》的內在脈絡。印度論書的長處是概念清晰明確，和中國語文慣有的含混也有很大的不同。我自己在摸索學習的過程中，自覺收獲良多，也認為它有助於學者的修學，所以曾在自己所屬的「現代禪共修會」講了一次。後來又應同修的請求，詳細的分八堂課再講一次。這本書就是課堂的講義。因為是共修會講義，所

以也引用了不少先師李元松居士的法語做爲解說的方便。

本書的內容是《六門教授習定論》釋義。先以（標楷體）標出「原文」，即無著菩薩的「頌」與世親菩薩的「釋」。其次是「語譯」（粗體字），然後「釋義」。

本書的出版，得到華夏出版公司的協助，華夏出版公司出版了不少佛教的經論與註釋。能夠躋身其中，深感榮幸。

是爲序。

民國一一三年三月十七日於台北圓山

C O N T E N T S

C O N T E N T S

六門教授習定論釋義

前言

今欲利益一切有情，令習世定及出世定，速能捨離諸煩惱故，述此方便。

造本論的目的，是為了幫助所有的眾生，使用這樣的方法，能夠修練「世間定」和「出世間定」，而快速地捨離各式各樣的煩惱。

釋義：

這段文字，須要說明的概念有：「煩惱」和「世定」及「出世定」。

（一）什麼是「煩惱」（kleśa）？簡單來說，就是會帶來痛苦的錯誤心態。《清淨道論》說：「染污相應法故，稱為煩惱。」《唯識三十論頌》詳細舉了其詳細的內容：「『煩惱』謂：貪、瞋、癡、慢、疑、惡見。」「『隨煩惱』謂：忿、恨、覆、惱、嫉、慳、誑、諂、害、憍、無慚、無愧、掉舉、惛沈、不信、懈怠、放逸、失念、散亂、不正知。」

佛教認為，「錯誤的心態」或「負面情緒」就是苦的根

源。如《瑜伽師地論》說：「煩惱過患者，當知諸煩惱有無量過患，謂煩惱起時，先惱亂其心，次於所緣發起顛倒，令諸隨眠皆得堅固，令等流行相續而轉。能引自害、能引他害、能引俱害；生現法罪、生後法罪、生俱法罪；令受彼生身心憂苦；能引生等種種大苦；能令相續遠涅槃樂；能令退失諸勝善法；能令資財衰損散失；能令入眾不得無畏，悚懼無威；能令鄙惡名稱流布十方，常爲智者之所訶毀；令臨終時生大憂悔；令身壞已墮諸惡趣，生那落迦中；令不證得自勝義利。如是等過無量無邊。」

（二）什麼是「世定」與「出世定」？《雜阿含經・785》說，正定有二種，一種是「世俗，有漏、有取，轉向善趣」；一種是「聖、出世間，無漏、不取，正盡苦，轉向苦邊」，這也是把「定」（samādhi）分爲「世定」與「出世定」。同經又說：「若心住不亂、不動、攝受、寂止、三昧、一心，是名正定世俗，有漏、有取，轉向善趣。」而「出世定」則是：「聖弟子苦・苦思惟，集、滅、道・道思惟，無漏思惟相應心法住不亂、不散、攝受、寂止、三昧、一心，是名正定是聖、出世間，無漏、不取，正盡苦，轉向苦邊。」據此，可以看到：「定」都是「心住不亂、不動、攝受、寂止、三昧、一心」，而「世定」與「出世定」的差別，在於後者是與思惟四聖諦（苦、集、滅、道）相應的定心。

因此，「世間定」就是：三界內的善心一境性。世間定包括欲界的「近行定」和色界、無色界的「安止定」，也就是色界四禪（初禪、二禪、三禪、四禪）和四無色定（空無邊處定、識無邊處定、無所有處定、非想非非想處定），是鎮伏五種煩惱（五蓋：貪欲，瞋恚，睡眠，掉悔，疑）等的敵對法。換句話

說，調伏了負面情緒或錯誤心態，就是「定」，而「定」依其由淺到深的程度，可分爲「近行定、安止定」，而「安止定」又可分爲色界禪和無色界定等。

其次，與聖道相應的心一境性，就是「出世間定」。也就是說，就其定心的深淺來說，並沒有差別。差別的只是「世間定」是經由因緣造作而成的「有爲法」，而「出世間定」則是與「無爲法」相應的定。因此其功效不同，前者是暫伏煩惱，後者永斷煩惱。

呂澂先生說：「定由功效分世、出世間二種。世間定通於外道，效驗不出生死流轉，佛法中僅調伏煩惱不令暫起者，亦爲世間定。永斷煩惱，乃爲出世定。以斷三界惑，則永出三界也。」

當須辨明的是，並非所有的解脫者都具備初禪乃至四禪等世間定的經驗。如《雜阿含經（347）》即〈須深經〉中所述，有不得禪定而自知作證的「慧解脫」阿羅漢。《瑜伽師地論》卷26也說：「慧解脫阿羅漢者，謂已解脫煩惱障，未解脫定障。俱分解脫阿羅漢者，謂已解脫煩惱障，及已解脫定障，是故說名俱分解脫。」換言之，「解脫煩惱障」與「解脫定障」是兩個不同的領域，前者屬慧，後者屬定。

修定，就是學習心住不亂、不動、攝受、寂止、三昧、一心，若得世間定，則能暫伏煩惱。修出世定，則是修習與聖道相應的定，則能永斷煩惱。而令煩惱永斷的關鍵其實是了知四聖諦的慧。

頌曰：求脫者積集，於住勤修習，得三圓滿已，有依修定人。

釋曰：此初一頌總標六門。言「求脫者」。謂是求解脫人。「積集」者，謂能積集勝行資糧。「於住勤修習」者，於所緣處令心善住，名之為定，由不散亂不動搖故。

問：云何修習？謂「得三圓滿已，有依修定人」。圓滿有三：一、師資圓滿，二、所緣圓滿，三、作意圓滿。「有依」謂是三定：一、有尋有伺定，二、無尋唯伺定，三、無尋無伺定。「修定人」者，謂能修習奢摩他、毘鉢舍那。

若人能於解脫起願樂心，復曾積集解脫資糧，心依於定，有師資等三而為依止有依修習，由習定故，能獲世間諸福，及以殊勝圓滿之果。先作如是安立次第，故名總標。

這個偈頌，標舉了關於修定的六個主題，也就是：「求脫者」、「積集」，「於住勤修習」，「得三圓滿」，「有依」、「修定人」。

第一個主題「求脫者」，在於說明：修定的純正動機，是為了尋求如何解脫煩惱。

第二個主題「積集」，在於說明：修定所須具備的資糧是什麼。

第三個主題「於住勤修習」，在於說明：所謂的「定」，指的就是：透過不散亂、不動搖，而使心好好地安住於所緣境。

如何修習「定」呢？就是「得三圓滿已、有依、修定人」這三個主題要說明的。

第四個主題「得三圓滿」，在於說明：修定能夠成功，在

於有具格的老師指導，以及正確的所緣境，和正確的作意。

第五個主題「有依」，在於說明：定的狀態，依據尋伺的有無，而分為三種。

第六個主題「修定人」，在於說明：能夠修習止（奢摩他）與觀（毘鉢舍那）的人，能夠獲得世間與出世間的福樂、殊勝圓滿的果。

第一門：修定的意樂

對於解脫發起願樂心──除去「煩惱障」和「所知障」，就是解脫。

頌曰：於三乘樂脫，名求解脫人。二種障全除，斯名為解脫。應知執受識，是二障體性。惑種一切種，由能縛二人。已除煩惱障，習氣未蠲除，此謂聲聞乘，餘唯佛能斷。若彼惑雖無，作儀如有惑，是習氣前生，若除便異此。

釋曰：此之四頌釋「求解脫者」，謂於聲聞乘等有差別故。於三乘中，心樂解脫，名「求解脫」。

云何「解脫」？「二種障全除，斯名為解脫」。

何者是「二障」，除之名解脫？應知「執受識」是二障體性。「識」者即是「阿賴耶識」。「執受」者是依止義，謂是「煩惱」、「所知」二障體性。

此復云何？「惑種」即是煩惱障自性，「一切種」即是所知障自性。

又，「一切種」者，即是二障種子。「能縛二人」，煩惱障種子能縛聲聞，一切種子能縛菩薩。由與聲聞菩薩為繫縛故。

云何此二解脫差別？謂聲聞人，習氣未除。斷煩惱障而證解脫唯佛世尊能總除故。

云何習氣？彼惑雖無，所作形儀如有惑者，是名習氣。此

中應言，若惑雖無，令彼作相如有惑者，此言「作儀如有惑」者，即是於因說果名故。「彼」謂聲聞獨覺。未知此是誰之習氣？謂是前生所有串習之事，尚有餘氣，今雖惑盡，所為相狀似染形儀，名為習氣。若能除斷與此不同，應云若彼習皆無，不作儀如惑。

所謂「求解脫人」，指的是對於聲聞乘、獨覺乘、佛乘的解脫產生欣樂之心的人。煩惱障、所知障全部斷除，這樣叫做解脫。

要知道，執受識就是煩惱障、所知障的體性。執受識中的惑種、一切種，能對這兩種人加以繫縛。

已經斷除煩惱障，而習氣尚未蠲除的，這種叫做聲聞乘，唯有佛世尊能夠連習氣也斷除。

如果他的內心雖然沒有那樣的煩惱，但外在的表現看起卻像有煩惱，這是其過去習氣仍然存在的影響。如果習氣也斷除的話，就不會這樣。

這四個偈頌在說明第一個主題：「修定的動機是為了尋求解脫」。

對於聲聞乘、獨覺乘或是佛乘的解脫有欣樂之心，稱為「求解脫」。

什麼是「解脫」？煩惱障、所知障全都斷除，這樣叫做「解脫」。

什麼是「解脫所除去的煩惱障、所知障」？要知道，煩惱障、所知障的體性，就是「執受識」。而所謂「執受識」，這裡的「識」指的是阿賴耶識。「執受」的意思是「依止」，意思是

說，阿賴耶識就是煩惱障、所知障的體性。這又是什麼意思？感種就是煩惱障的自性，一切種就是所知障的自性。

再者，「一切種」就是能夠繫縛這兩種人的煩惱障、所知障的種子。煩惱障種子能繫縛聲聞，一切種子能繫縛菩薩。因為它們分別能對於聲聞、菩薩做為繫縛。

這兩種解脫的差別是什麼？就是：聲聞人的習氣尚未斷除，只斷煩惱障而證解脫。只有佛世尊能總除習氣和煩惱障。

什麼是習氣？就是：雖然其內心中，那樣的煩惱已經沒有了，但是外在形儀的表現看起來還像是有煩惱似的，這叫做習氣。

所以正確的說應該是：雖然內心沒有煩惱，但是習氣讓他的行為看起來像是有煩惱。偈頌的文字說「外表的行為看起來就像有煩惱惑」，是用結果來說其原因。偈頌的文字中的「彼」，指的是聲聞、獨覺二乘人。

這裡所謂「習氣」是從哪裡來的呢？指的是這個人過去所串習的事，還留有慣性。現在雖然內心的煩惱斷盡了，他的行為還是留有慣性的樣子，這叫做「習氣」。如果能夠斷除習氣的話，就不會是這樣的情形。而是：如果其習氣都沒有的話，他的外在表現不會像是有煩惱的樣子。

釋義：

《六門教授習定論》中的第一個主題是討論修習禪定的動機，論主認為修定的動機是「欣求解脫」。

李元松老師《現代禪的教育》第四篇「修習禪定」的第一章是〈導正發心〉，其第一則是：「古德說：『因地不真，果遭

迂迴。」修行之一事，發心純正最爲緊要。修行之發心有上、中、下三種：一、爲求安身立命、逍遙無事。二、爲求解脫生死，永離輪迴。三、爲求度脫一切有緣，廣學法門，勤修方便。前者純而不正，屬世間道，後兩者才是佛弟子的發心。發心倘若純正，則今生或來世必定逢遇大善知識，得證菩提。」

《六門教授習定論》的第一門「意樂圓滿」，強調的也是修定人的發心純正，是爲求解脫而來。而在本論，認爲「求解脫人」就是欣樂三乘（聲聞乘、緣覺乘、菩薩乘）的解脫的人，與李老師前述的說法一致。換句話說，雖然「定」包括「世定」與「出世定」，但是本論強調解脫意樂，也就是強調出世間定的學習。

本論除了提出修定的意樂應該是三乘的解脫之外，又對於什麼是「解脫」，以及解脫的內容做了概略的說明。

什麼是「解脫」呢？在佛法來說，就是貪、瞋、痴等煩惱的永斷無餘。如《三法度論》說：「解脫於煩惱，故日『解脫』。」《瑜伽師地論》也說：「云何『解脫』？謂起畢竟斷對治故，一切煩惱品類麁重永息滅故，證得轉依，令諸煩惱決定究竟成不生法，是名『解脫』。」

本論把「解脫」界定爲：「二種障全除」。依長行的解釋，可知這裡所說的二種障，指的是「煩惱障」和「所知障」。這是中期大乘佛教，也就是無著、世親的瑜伽行派，比較盛行的講法。

關於二障的定義，可以看到它的理論基礎是建立在「人無我」與「法無我」的分判，並且認爲聲聞、緣覺等小乘聖者只證得「人無我」，而大乘聖者才能進一步證得「法無我」。如《佛

地經論》卷七說：「言二障者：一、煩惱障；二、所知障。惱亂身心令不寂靜，名『煩惱障』。覆所知境無顛倒性令不顯現，名『所知障』。」

本論在這裡，則對於二障的體性做了約略的說明：「應知執受識，是二障體性」。這句的意思是，煩惱障和所知障的體性，都是阿賴耶識。

本論說：「『惑種』即是煩惱障自性。『一切種』即是所知障自性。又，『一切種』者，即是二障種子。」也就是說，雖然可以分為煩惱障、所知障二種障，但是「一切種」，也就是所知障，是更根本的。

在二障當中，聲聞乘要解脫的是「煩惱障」的繫縛，而大乘行者解脫的是一切種子，也就是「所知障」的繫縛。因此，本論說：「煩惱障種子能縛聲聞，一切種子能縛菩薩」。

已經除去煩惱障，但是並未躅除習氣的，稱為聲聞乘的修證；只有佛世尊能夠煩惱障和習氣都斷除。因此，本論說：「聲聞人習氣未除，斷煩惱障而證解脫，唯佛世尊能總除故。」

《大方便佛報恩經》卷第六說：「佛習氣斷，二乘習氣不盡。如牛呞比丘，常作牛呞，以世世牛中來故；如一比丘雖得漏盡，而常以鏡自照，以世世從婬女中來故；如一比丘跳枰擲閣，以世世從獼猴中來；不得名世尊。」「佛習氣盡，舍利弗習氣未盡；佛三阿僧祇劫修菩薩行，舍利弗六十劫中修習苦行。以是因緣，鴿入舍利弗影，猶有怖畏；入佛影中，而無怖也。」

本論認為，所謂「習氣」，就是那樣的煩惱雖然在心中沒有生起，但是外表上看起來卻像是有煩惱似的。習氣是從哪裡來的呢？就是前世所熟習的事，到了今生仍然有留下來的影響力；

現在雖然煩惱斷除了，但是似乎仍然遺留於外在行爲的表相上。如果連習氣也沒有了，在行爲的表相上就不會看起來像是有煩惱的樣子。本論說：「云何『習氣』？…謂是前生所有串習之事，尚有餘氣；今雖惑盡，所爲相狀，似染形儀，名爲『習氣』。若能除斷，與此不同。」

綜上所述，雖然本論一開始聲明，爲利樂眾生，令習世間定和出世間定。但是，鼓勵學人導正發心，不以習世間定爲滿足，而要以修習出世間定，以聲聞乘的解脫惱煩爲目標，甚至還要以進一步，修習大乘，斷除一切習氣而成佛。

由此亦可看見，修定可以達到的效果，由淺至深的範圍有：暫時調伏煩惱的世間定、永斷煩惱的小乘解脫，和連習氣都斷除的大乘解脫。

第二門：修定的資糧

一、聽聞正法，而使「信、精進、念、定、慧」等善根增長。

二、思惟正法，而使已生、未生所有的疑惑悉能除滅。

三、修習正法，而使「欲令他識見」和「自高見」，這兩種熱惱消除。

能夠這樣的人，在聽聞佛法的時候，心生喜足，而無散亂，並且想要進一步勤修不息。

頌曰：種植諸善根，無疑、除熱惱，於法流清淨，是名為積集。能持樂聽法，善除其二見。但聞心喜足，是四事應知。

釋曰：此之二頌釋「積集」義。如經中說「此人先應修習多聞，復聽正法，諸見熱惱已正蠲除，心之蓋纏能正降伏。」依此文義，故說初頌。

云何「積集所有善根」？謂能持正法故。以此為先，令其信等善法增故。

云何「無疑」？謂樂聽法故。由知法故，已生未生所有疑惑悉能除滅。

云何「除熱惱」？謂除二見故。

「二見」云何？一者欲令他識知見，二者自起高舉見。謂作是念：「如何令他得知我是具德之人？」是則名為「令他識

見」。依此見故，自欲高舉，名「自高見」。此二能令心焦熱故，名為「熱惱」。

云何「法流清淨」？謂能除遣，但聞法時，心生喜足故。上之「除」字流入於此。

「於法流清淨」者，謂聽法時，心無散亂，相續而流。心清淨故，蓋纏止息。若聽法無厭，更能進思勤修不息，方得名為法流清淨。

當知此據聞思修位，如次應知。

「種植諸善根」、「無疑」、「除熱惱」，「於法流清淨」，這四個叫做「為解脫積集資糧」。

這四者也分別就是：「能持正法」、「樂於聽法」，「善除其二見」，「只要聞法，其心就喜足」。

這兩個偈頌在解釋什麼是「為解脫積集資糧」。

第一個偈頌所說的，是根據這段經文所說的義理。「此人首先應該修習多聞，然後聽聞正法，諸見熱惱都已經正確的蠲除，心中蓋纏能正確的降伏」。

尋求解脫的人，如何積集所有的善根資糧呢？最主要的就是能夠憶持正法。因為「正見為修行之根本」，憶持正法能讓信、精進、念、定、慧等善根增長。

什麼叫做「無疑」？就是因為樂於聽聞正法，由於知道正法，正見具足，所以已生、未生的所有疑惑，即能完全除滅。

什麼叫做「除熱惱」？就是除去二種心態。什麼是這二種心態？就是第一，「欲令他識知見」，第二，「自起高舉見」。也就是說，心裡存著「如何讓別人知道，我是了不起的人」，這

是「欲令他識知見」。由於這樣的心態，而想要自己抬高自己。這就是「自起高舉見」。這兩種心態會使人內心焦熱，所以稱之為「熱惱」。

怎麼會「法流清淨」呢？就是能除遣前述二種心態的人，聽聞正法的時候，就能心生喜足。前一句的「除」字，「流」到此句。「於法流清淨」這句的意思，是聽聞正法時，心無散亂，相續而流。因為他的內心清淨，所以蓋纏止息。

如果能夠聽法無厭，又更能進一步想要勤修不息，這樣才能叫做「法流清淨」。

要知道，這個順序就是聞、思、修三慧次第增長的狀態。

釋義：

本論的第二門「依處圓滿」，強調的是修定人首先要積聚的資糧，有此基礎，才能順利的修定。

本論所說的四個必須積聚的資糧：（1）種植諸善根、（2）無疑、（3）除熱惱、（4）於法流清淨，是根據一段經文而說的。論文所引的這段經文是：「此人先應修習多聞，復聽正法，諸見熱惱，已正蠲除，心之蓋纏，能正降伏。」這段經文的內容，近似引自《雜阿含經991經》：「彼聞法，樂多聞，調伏諸見，時時能得解脫心法，我說是人第一勝妙。」論中又說：「當知此據聞思修位，如次應知。」也就是說，這是聞、思、修位的次第增長。

經中的「修習多聞」，就是（1）「種植諸善根」。「謂能持正法故；以此為先，令其信等善法增故」。也就是說，在多聞的基礎上，就能夠憶持正法，隨順佛說，而使信、勤、念、定、

慧等善根增長。

這裡說的「修習多聞、種植諸善根」應該指的是四預流支中的第一，也就是「親近善士」。《阿毘達磨集異門足論》說：「四預流支者，一親近善士，二聽聞正法，三如理作意，四法隨法行。云何親近善士？答：善士者，謂佛及弟子。復次，諸有補特伽羅，具戒具德，離諸瑕穢，成調善法，堪紹師位，成就勝德，知羞悔過，善守好學，具知具見，樂思擇愛，稱量喜觀察，性聰敏，具覺慧，息追求，有慧類，離貪、趣貪滅，離瞋、趣瞋滅，離癡、趣癡滅，調順、趣調順，寂靜、趣寂靜，解脫、趣解脫，具如是等諸勝功德，是名善士。若能於此所說善士，親近承事，恭敬供養，如是名爲親近善士。」親近善士是種植善根、修習多聞的基礎。李老師的這段話，或可以解釋這個原理：「最好能時常親近善知識，因爲薰習的力量是很大的，你若時常跟世俗心重的人在一起，久之，自己的性格也會變得貪婪；反過來，如果經常和隨緣的人在一起，則會發現隨緣的生活，原來是十分理性、安詳，且充滿美感的。」

經中的「復聽正法」，本論解釋爲（2）「無疑」。其實，信就是無疑。《阿毘達磨集異門足論》說：「云何聽聞正法？答：正法者，謂前說善士，未顯了處爲正顯了，未開悟處爲正開悟，以慧通達深妙句義，方便爲他宣說，施設安立開示。以無量門正爲開示：苦眞是苦，集眞是集，滅眞是滅，道眞是道，如是等名正法。若能於此所說正法，樂聽、樂聞、樂受持、樂究竟、樂解了、樂觀察、樂尋思、樂推究、樂通達、樂觸、樂證、樂作證。爲聞法故，不憚艱辛。爲受持故，數以耳根對說法音發勝耳識。如是名爲聽聞正法。」就是用欣樂嚮往的信心，去聽聞正

法。

經中的「諸見熱惱，已正蠲除」，就是（3）「除熱惱」。「熱惱」是佛經中常見的語詞，是一個相當普遍的泛稱，似乎並無特定的所指。如《大寶積經·菩薩藏會》說：「何等名爲三種熱惱？所謂貪欲熱惱、瞋恚熱惱、愚癡熱惱。」《增支部·熱惱經》則說有二種熱惱法，就是行惡而未行善的人，自問其心，就會生起熱惱。本論則在此提出了相當獨到的見解，認爲所蠲除的熱惱，就是特指兩種見：「令他識見」和「自高見」。「謂作是念：如何令他得知我是具德之人？是則名爲『令他識見』。依此見故，自欲高舉，名『自高見』。此二能令心焦熱故，名爲『熱惱』」。用現代的常用語來說，就是「自我感覺良好」。這樣的人，在不自覺中，修行的心力都花費在想要向自己或他人證明自己很好、很棒，在實際的教學中，確實發現這樣的心態非常障礙學習。本論對於「熱惱」的這一獨特的見解，可說是更加的深入。因爲已經做出來的身口意行爲的善惡，固然可以是熱惱的原因，但是潛伏在內心的憍慢，雖然尚未形成外顯的惡行，已經使人內心常生熱惱。

以下引李老師《現代禪的教育》第三篇「道基戒行」的第二十四章〈謙卑柔軟〉的兩段話做爲補充：「人類往往不自覺間，過度地估計自己的影響力——這其實也是一種我執的表現。」「學佛修禪的人志求『般若智慧』，則應該更有自知之明——不僅和一般人一樣，在觀念上要了知自己的能力知識有限，並應該進而率眞的對同修友人坦白自己的膚淺無知，以及內心潛藏的各種自私和醜陋，如此，方易形成謙卑柔軟的人格。而謙卑柔軟的人格，並不是一種涵養而已，實在也是『認清事實眞

相』的智慧表現！它是相應悟道解脫的。」

經中的「心之蓋纏，能正降伏」，就是（4）「於法流清淨」。本論的說明是：「於法流清淨者，謂聽法時，心無散亂，相續而流。心清淨故，蓋纏止息。若聽法無厭，更能進思，勤修不息，方得名爲法流清淨。」蓋和纏，都是煩惱的異名。佛經中說有五蓋、十纏。五蓋是：貪欲，瞋恚，睡眠，掉悔，疑；因爲能夠使心煩惱，障礙智慧，讓禪定無法發起，無法得到解脫涅槃，因此稱爲「蓋」。依《大智度論》，十纏是：瞋、覆罪、睡、眠、戲、掉、無慚、無愧、慳、嫉。《眾事分阿毘曇論》則說：「八纏，謂：睡、眠、掉、悔、慳、嫉、無慚、無愧。」就是由聽聞正法，心得清淨，而障礙禪定與解脫的煩惱止息，更令行者能夠進勤修不息。

綜上所述，所謂積聚修定所須的資糧，就是（1）親近善士、（2）信樂正法，而（3）內除熱惱，（4）心得清淨的過程。這個過程就是聞、思、修的過程。

《俱舍論》說：「依聞所成慧起思所成慧，依思所成慧起修所成慧。此三慧相差別云何？毘婆沙師謂：『三慧相緣名俱義，如次有別。聞所成慧唯緣名境，未能捨文而觀義故。思所成慧緣名義境，有時由文引義，有時由義引文，未全捨文而觀義故。修所成慧唯緣義境，已能捨文唯觀義故。譬若有人浮深駛水，曾未學者不捨所依，曾學未成或捨或執，曾善學者不待所依。自力浮渡。三慧亦爾。」也就是把聽聞的正法，經過思惟和修習，漸漸成爲自己的經驗的過程。依此，修習禪定的資糧是聞、思、修三慧。

第三門：修習住心

這個門類，可分為八個主題：

次有十六頌，釋「於住勤修習」。初一總標，餘是別釋。

頌曰：所緣及自體，差別并作意，心亂住資糧，修定出離果。

接下來的十六個偈頌，說明「於住勤修習」，也就是「修習住心」。

第一個偈頌是總標，其他十五個偈頌是別釋。

總標的偈頌，所標的條目是：所緣、自體，差別、作意，心亂、住資糧、修定、出離果。

釋義：

得定的方法就是修習「住」。本論的定義：「心無亂相，名之為住」。又說：「心不流散，名之為住」。因此，勤修住，就是修一步步地修定。而「修習住」可以分八個主題來加以說明。這八個主題分別是：

1、修住時的「所緣」有哪些？

2、什麼是住的「自體」，也就是「住」的本質就是「念沒有移動」。

3、「差別」，就是修習住時，住由淺到深的狀態差別。

4、「作意」，就是修習住時，有哪些不同的作意方式？

5、「心亂」，就是修習住時，有哪些類型的散亂？

6、「資糧」，就是修習住時，相應的資糧。也就是修住者的日常生活相配合的行為是什麼？

7、「修定」，所緣境不同，修的就是不同的定。

8、「出離果」，就是修習住的結果就是出離煩惱。

第三門之主題一：所緣境有三種

所緣境有三種，外在的所緣境、在上的所緣境，和內在的所緣境。

言「所緣」者，有其三種：外上及以內，此三所緣生，應知住有三，自體心無亂。

釋曰：言「三種」者，一、外緣，二、上緣，三、內緣。「外緣」謂白骨等觀所現影像，是初學境界。「上緣」謂未至定緣靜等相。「內緣」謂從其意言所現之相為所緣境。

第一個條目「所緣」，有這三種：外所緣境、上所緣境、內所緣境。以這三種為所緣境，所生的住心有三種，而住心的自體，就是心無散亂。

偈頌中的「三種」，指的是：一、外所緣境、二、上所緣境、三、、內所緣境。

「外所緣境」指的是修「白骨觀」等法門時，心中所顯現的影像。這是開始學習住心的人，所使用的所緣境。

「上所緣境」指的是，在未到地定中，以上界，也就是入定之後的靜等相做為所緣境。

「內所緣境」指的是，以心念所現之相做為所緣境。

釋義：

住有三種所緣，分別是：外所緣、上所緣、內所緣。

所謂「住」，本論的定義就是：心平靜專注於對象而沒有動亂。

李老師也說：「禪定的鍛鍊，總綱領的一句話就是，一切行事作務（包括打坐）念念分明。」

所謂專注或念念分明，指的是心專注於某一對象。

（一）外所緣

修習住的對象有三類，初學者所緣的境界，是修習白骨觀等法門時所現起的影相，稱為「外所緣」。

佛教對於有一類（婬欲多的）初學的出家者，教他們修習住時，就是於靜坐中，觀察自身成為白骨、膨脹等影相。由於這樣的所緣境，是外在的影相，所以稱為「外所緣」。

呂澂先生說：「外所緣者，非真正所知，但藉以驅策此心令向所知，如驅牛羊之就樊籬而已。如是策心就範，與所知相順，而為其近分，故名外所緣。如不淨、數息等五停心觀皆是。」依此，五停心觀的所緣境，都是此處所說的「外所緣境」。

五停心觀指的是：不淨觀、慈悲觀、因緣觀、數息觀和界分別觀。這是針對不同根性的弟子，教授的不同的對治煩惱的方法。

《三無性論》：「治行境界者，自有五種：一、不淨觀，二、無量心，三、因緣觀，四、分別界，五、出入息念。初不淨觀者，除四種欲，謂：色、相貌、威儀、觸欲也。無量心者，即

四無量觀，除四種瞋，謂：殺害、逼惱、嫉妬、不安也。因緣觀者，即十二因緣觀，除三世無明也。分別界者，即界入觀，除我我所也。出入息念者，除覺觀也。」

而中國鳩摩羅什以來所傳的禪法，以念佛觀取代界分別觀，爲基本的五種外所緣境。如《坐禪三昧經》卷上說：「若多婬欲人，不淨法門治。若多瞋恚人，慈心法門治。若多愚癡人，思惟觀因緣法門治。若多思覺人，念息法門治。若多等分人，念佛法門治。諸如是等種種病，種種法門治。」《思惟略要法》說：「凡求初禪先習諸觀，或行四無量，或觀不淨，或觀因緣，或念佛三昧，或安那般那，然後得入初禪則易。」《五門禪經要用法》說：「坐禪之要法有五門：一者安般、二、不淨、三、慈心、四、觀緣、五、念佛。」其中，念佛法門有特別殊勝的地方，《大智度論》說：「念佛三昧能除種種煩惱及先世罪。餘諸三昧，有能除婬，不能除瞋；有能除瞋，不能除婬；有能除癡，不能除婬恚；有能除三毒，不能除先世罪。是念佛三昧，能除種種煩惱、種種罪。」

《大智度論》又云：「問曰：汝先言呵五欲，除五蓋，行五法，得初禪。修何事、依何道，能得初禪？答曰：依不淨觀、安那般那念等諸定門。」不淨觀和數息觀是所謂的二甘露門，都是屬於這裡所說的外所緣。

在現代禪教團，李老師說：「數息只是修止修定的基礎，…在修習禪定的單方面，現代禪比較重視的是『隨息』和日常生活的『念念分明』」。後者也就是身念住。李老師說：「身念住的具體方法是──動時了了分明知道身體之每一個巨細的動作；靜時了了分明知道丹田之起伏（知道入息出息亦可）。一

般說來，在短期間想要把握到『身念住』的訣竅並不容易；可是一旦您摸到它的竅門之後，你會驚歎：這真是一種不需另外花費一分一秒的深定法門！」而後期也教導，可以彌陀六字名號做為攝心的所緣境。

（二）上所緣

初學者的「外所緣」之後，接著是「上所緣」。論文說：「上緣，謂未至定緣靜等相。」

《瑜伽師地論》說：「云何麤相？謂所觀下地一切麤相。云何靜相？謂所行上地一切靜相。」在佛教的世界觀中，把世界分為欲界、色界·無色界。而三界各有不同的麤靜相對的層次。越是下界下地，則越是麤的，越是上界上地，就越是靜的。而修定，就是調伏自己的心，使心靜下來，也等於是使自己的心處於在世界中的更上一個層次的意思。因此在修定的過程中，可以把自己現在所處境界視為麤，而把上地視為靜，以厭下欣上的心意，而捨離對原本的境地的執著，而契入上地。然後再一個境界、一個境界的往上，也就是入定越深，直到非想非非想處。所以《瑜伽師地論》又說：「云何名為由世間道而趣離欲？謂如有一，於下欲界觀為麤相，於初靜慮離生喜樂，若定若生，觀為靜相。彼由多住如是觀時，便於欲界而得離欲，亦能證入最初靜慮。如是，復於初靜慮上，漸次如應，一切下地觀為麤相，一切上地觀為靜相。彼由多住如是觀時，便於乃至無所有處而得離欲，亦能證入乃至非想非非想處。」

由此可見，「上所緣境」就是在以「外所緣境」所處的「近分定」的情況下，以「上地」的靜相為所緣境，以進契定

心。呂澂先生說：「上所緣者，由近分漸次引心入勝，以求上進，故有境界次第（即地）之別。如心緣下地，以爲苦、粗、障，緣上地，以爲淨、妙、離等也。由此逐漸上緣，調心馴伏，而達於眞正所緣，即第三內所緣也。」

李老師在《與現代人論現代禪》一書說：「定要如何修？首先行人可以找一個地方坐下來，接著令心住於一境，或安詳地觀看念頭未起之境，或安詳地觀看丹田之起伏，或安詳地觀看出入息皆可。」「安詳地觀看念頭未起之境」可以理解爲「上所緣」，而「安詳地觀看丹田之起伏，或安詳地觀看出入息」則爲「外所緣」。

（三）內所緣

論文說：「內緣，謂從其意言所現之相爲所緣境。」

「意言」，梵語mano-jalpa，從字義上來看，就是相對於「口中發出聲音的言語」，是「內心無聲的言語」。「意言」這個詞，在漢譯佛典中所見的，是一個日常用語。如《大樓炭經・高善士品》：「王見金輪，便生意言：『諸高士云：爲遮迦越羅王事，有金輪飛來；來者常從東方來，有千輻，輻轂正好。有是金輪寶者，當爲遮迦越羅王。今我將得無當爲遮迦越羅王乎！』」又如《佛本行集經》：「汝等於時，莫生染著愛戀之心。汝等若起如此意言：『彼是我婦，彼是我男，彼是我女。』汝等假使乘我背上，必當墮落，爲彼羅刹之所噉食。」又如《放光般若經》：「佛告須菩提：菩薩摩訶薩發意言：『我當受無央數生死作精進行，我當爲眾生故捨一切所有，我當等心於一切眾生，我當以三乘度脫眾生，當令般泥洹，亦不見眾生般泥洹。我

當覺諸法無所從生，常當以薩云若慧意行六波羅蜜。我當學當救濟一切。』須菩提！是爲菩薩發金剛意，便爲大眾最上首。』」可以看到，在這些用例中，「意言」就是內心生起的自言自語，或即是內心生起的想法或念頭。

本論的後段說：「由聞生意言，說爲寂滅因。……此顯以聞爲因所起意言，能與聖道涅槃爲正因故。」這是在說明如何「從其意言所現之相爲所緣境」。也就是說，以「由聽聞正法而生起的意言」做爲「所緣境」。這樣修習住心，可以成爲契入聖道涅槃的正因。

本論說：「尋伺皆以意言爲性。」「尋」（vitakka）「伺」（vicara）又譯爲「覺、觀」。《大智度論》：「麤心相名『覺』，細心相名『觀』；初緣中心發相名『覺』，後分別籌量好醜名『觀』。有三種麤覺：欲覺，瞋覺，惱覺。有三種善覺：出要覺，無瞋覺，無惱覺。有三種細覺：親里覺，國土覺，不死覺。六種覺妨三昧，三種善覺能開三昧門。」換言之，有些「尋」是妨害三昧的，但有些「尋」「能開三昧門」。因此，可以由聽聞正法而起的這些意言所現之相做爲所緣，而入三昧。

聞法之後，生起的意言，以此做爲住心的所緣境，可說是佛經中最常見的一種方式。如在《雜阿含經》中常常可以看到類似的表述：「於如上所聞法、所說法，獨一靜處，思惟稱量，觀察其義，知此諸法皆順趣涅槃、流注涅槃、後住涅槃。」此外，所謂空三昧、無相三昧、無願三昧，乃至《小品般若經》所說的「諸法無受三昧」，都是以聞法所起意言爲所緣的修習。

因此，以意言所現之相爲內所緣境的心一境性，是與智慧相應的「出世間定」。《瑜伽師地論》說：「略有三種心一境

性，能令證得如實智見。一、於意言中種種差別所緣行相；二、意言無間種種差別所緣行相；三、超度意言，專注一境，無種種無差別所緣行相。」

第三門之主題二：住心的自體

因為三種所緣境的不同，而呈現為不同的住心。第一種是用意志力持心，令心專注。第二種是「專注又心生厭離」的寂靜。第三種是觀「正法、涅槃」而其心凝定。

「自體」謂是心無亂相，名之為「住」。

「心無亂者」，於外等處三種緣時，隨其所緣心無動亂。

頌曰：第一住相應，定心者能見，於境無移念，相續是明人。第二住相應，厭離心寂靜，專意無移念，相續是明人。第三住相應，於前境凝住，定意無移念，相續是明人。

釋曰：此之三頌，如其次第配外、上、內。

言「於境無移念」者，謂於餘境心無散亂，故名「無移」。

「相續」者，堅守持心，令不斷絕。

言「明人」者，或因自思，或從他教，於靜慮法而起加行，是謂明人。應知如次是「隨法行」及「隨信行」種性。

言「厭離心寂靜，專意無移念」者，謂於其境生厭離心。前唯觀境，未能生厭。今時專注，心生厭離。而不散動。

「於前境凝住」者，謂於意言所現之境，緣此境時，其心凝定。故云「定意無移念，相續是明人」。

所謂住心的「自體」，指的是心沒有散亂的狀態，稱之為「住」。

所謂「心沒有散亂」，指的是：在以上述三種所緣境而做修習時，心沒有動亂。

頌曰：第一種，以外所緣境相應的住心，是能穩穩的扣住所緣境而沒有移動，並且延續這樣狀態的，就是明人。

第二種，以上所緣境相應的住心，是對於開始入門的所緣境產生厭離，而內心的寂靜，能夠專注於此，而沒有移動，並且延續這樣狀態的，就是明人。

第三種，以內所緣境相應的住心，是凝住於前境，內心安定而沒有移動，並且延續這樣狀態的，就是明人。

釋曰：這三個偈頌，依序是配置著外、上、內三種所緣境。

第一個偈頌說的「於境無移念」，指的是只專注在這個所緣境上，心無散亂，所以叫做「沒有移動」。

「相續」指的是，堅守持心，使它延續而不斷絕。

所謂「明人」指的是，有的人由於自己省思，有的人由於順從他人的教導，而開始產生精進修習靜慮，這樣的可稱之為「明人」。前一種人是「隨法行」的種性，後者是「隨信行」種性。

第二個偈頌說的「厭離心寂靜，專意無移念」，指的是對於「外所緣境」產生厭離心。

第一種住心，只是扣住所緣境，沒有能夠生起對它的厭離。

第二種則是在專注的同時，又心生厭離而不散動。

第三個偈頌說的「於前境凝住」指的是，以意言所現之境為所緣境，緣此境時，其心凝定。所以說「定意無移念，相續是明人」。

釋義：

本論前面對於「住」的定義，說：「心無亂相，名之為住。」接下來，本論又針對外所緣、上所緣·內所緣三種住，來說明住的本質。

第一種，外所緣：「第一住相應，定心者能見，於境無移念，相續是明人。」

以「外所緣」修習住，這時所謂的住，主要的特色就是「能夠明見所緣境」。此中包括兩個特徵，就是「無移」和「相續」。所謂「無移」就是「於餘境心無散亂」，而「相續」就是「堅守持心，令不斷絕」。世親菩薩的《止觀門論頌》說：「善取所緣境，子細善觀察，閉目住心時，猶如開眼見。根門皆攝斂，住念凝內心，緣境現前觀，念念令相續。」

第二種，上所緣：「第二住相應，厭離，心寂靜，專意無移念，相續是明人。」以「上所緣」修習住，這時所謂的住，主要的特色就是「於所緣境生起厭離心」；前一種只是專注於境，而未能生起厭離心，這時則是一方面專注，同時又心生厭離，而心不散亂動搖。此中包括兩個特徵，就是「厭離」和「心寂靜」。呂澂先生的解釋是：「次住上所緣，名曰專厭。見上地淨妙離相，則於下劣境起厭離心，厭之切者其離速，故於下劣一心專厭，即得住於上緣也。」

第三種，內所緣：「第三住相應，於前境凝住，定意無移

念，相續是明人。」以「內所緣」修習住，這時所謂的住，主要的特色就是「以意言所現之境爲所緣時，其心凝定」。《雜阿含經》說：「無常想者，能建立無我想，聖弟子住無我想，心離我慢，順得涅槃。」「住無我想」就是以意言所現之境爲所緣。

　　雖然所謂的住，其定義同樣都是「心無亂相」的「無移念」，但是外所緣的特色是「見境」，上所緣的特色是「專厭」，內所緣的特色是「凝定」，還是有所不同。

第三門之主題三：
住心的九種差別

頌曰：堅執及正流，并覆審其意，轉得心歡喜，對治品生時，惑生能息除，加行常無間，能行任運道，不散九應知。

釋曰。於彼住中，差別有九。謂：最初住、正念住、覆審住、後別住、調柔住、寂靜住、降伏住、功用住、任運住。

此等並依《阿笈摩經》，隨句次第而為修習。

若於最初學緣境時，其心堅執，名「最初住」。

次於後時，令其正念流注不斷，名「正念住」。

若依託此，有亂心生，更覆審察，緣境而住，名為「覆審住」。

次於後時，轉得差別，名「後別住」。

次於後時，對治生起，心得自在，生歡喜時，名「調柔住」。

於此喜愛，以無愛心，對治生時，無所愛樂，其心安靜，名「寂靜住」。

次於後時，所有已生未生重障煩惱為降伏故，名「降伏住」。

次於後時，以加行心於所緣境無間隨轉一緣而住，名為「功用住」。

次於後時，於所緣境，心無加行，任運隨流，無間入定，緣串習道，名「任運住」。

此之九種心不流散，名之為「住」。應知以此「不散」之言，與「堅執」等皆相配屬。

頌曰：堅定地執持心念，讓正念流注不斷，又能覆審自己的狀態，讓自己的心歡喜，又能對治歡喜心，息除煩惱的生起，能夠無間斷的加行，進而能任運於定。不散亂有這九種。

釋曰：住心有九種不同的狀態，稱為：最初住、正念住、覆審住、後別住、調柔住、寂靜住、降伏住、功用住、任運住。

這些都是根據阿含經所說的修定的次第。

最開始學習觀所緣境時，他的心堅定地扣住對象，這叫作「最初住」。

接下來，讓這樣的正念不斷流注，叫作「正念住」。

在這個狀態下，有動亂心生起，而能夠再次察覺，心安住於所緣境，這叫作「覆審住」。

接下來，內心轉變成寂靜的狀態，叫作「後別住」。

接下來，生起對治，而使心得到自在，生起歡喜時，叫作「調柔住」。

針對這種歡喜心，以「無愛心」加以對治，因為無所愛樂，而心得到安靜，叫作「寂靜住」。

接下來，所有已生、未生的重障煩惱都加以降伏了，叫作「降伏住」。

接下來，再加把勁，對於所觀的對象，緊緊地扣住，安住在單純的所緣境，叫作「功用住」。

接下來，對於所觀察的對象，心不再使勁，隨其自然，順著串習的力量，安住定境，叫作「任運住」。

因為這九種差別狀態，心都是不流散的，所以稱為「住」。這句「不流散」和「堅執」（堅定地扣住對象）等九種差別相，都是相配屬的。

釋義：

本論把修習住的過程，從初始到熟練契入的相狀，以九個次第來說明。從這個次第的描述可以看出，修習念住的過程，是從「把心念堅執在所緣境」為始，然後使這樣的正念延續流注。在這當中，有散亂生起，則能察覺，繼續安住在所緣境上。然後，在相續的寂靜中，對於生起歡喜心，都能以智慧加以調伏，乃至粗重的煩惱都調伏了，則進入寂靜的狀態。最後再由串習力，不用加行，就無間相續在寂靜中。

這個過程，從第一「最初住」到第六「寂靜住」，看起來像是「從欲界定到初禪、二禪、三禪、四禪」或「從有尋有伺三昧，到無尋有伺三昧、無尋無伺三昧」的過程。如《大集法門經》說：「四禪定，是佛所說。謂：若苾芻已能離諸欲、不善法，有尋有伺，此名第一『離生喜樂定』；若復苾芻，止息尋伺，內心清淨，安住一想，無尋無伺，此名『第二定生喜樂定』；若復苾芻，不貪於喜，住於捨行，身得輕安妙樂，此名『第三離喜妙樂定』；若復苾芻，斷除樂想，亦無苦想，無悅意，無惱意，無苦無樂，此名『第四捨念清淨定』。如是等名為四禪定。」《大智度論》說：「菩薩為是眾生故，起大悲心，修行禪定，繫心緣中，離五欲，除五蓋，入大喜初禪；滅覺觀，攝

心深入內清淨，得微妙喜，入第二禪；以深喜散定故，離一切喜，得遍滿樂，入第三禪；離一切苦樂，除一切憂喜及出入息，以清淨微妙捨而自莊嚴，入第四禪。」

印順法師的《成佛之道》則用現代的語言來描述：「習定的，使心安住一境，念念相續，…入初禪，還是心有分別，還有粗分別的尋、細分別的伺，所以叫『有尋有伺三摩地』。初禪到二禪中間，得『中間禪』，這才不起粗分別，名為『無尋有伺三摩地』。到二禪，連細分別也沒有了，名『無尋無伺三摩地』。到此境界，雖有自性分別，不再有概念分別，所以也就不會引發語言了（語言是內心尋伺的聲音化）。到三禪，直覺得內心平等清淨，所以說：『內等淨，正念正知』。二禪以上，就可說超越尋思的無分別定了。…一到初禪，從欲樂煩動而來的憂苦，不會再起了。那時，由於出離欲樂而生起喜、樂：喜是內心的喜悅，樂是（身心的）輕安。到了二禪，雖同樣的有喜樂，但那是『定生喜樂』，不像初得離欲而生的那樣衝動。然喜悅到底是躍動的，所以進入三禪，稱為『離喜妙樂』，喜悅也沒有了。此定的樂受，到達了世間樂的頂點。所以形容極樂，每說『如人第三禪樂』。到第四禪以上，樂受也平息了，惟是一味的平靜的捨受。這比起有衝動性的喜樂來，實在是更高的福樂！」

這個次第，和九住心描述的有若合符節之處。若以圖表比對如下，可以發現確有某種一致性：

本論的九住心	大集法門經的四禪定
若於最初學緣境時，其心堅執，名「最初住」。	
次於後時，令其正念流注不斷，名「正念住」。	
若依託此，有亂心生，更覆審察，緣境而住，名為「覆審住」。	若苾芻已能離諸欲不善法，有尋有伺，此名第一「離生喜樂定」
次於後時，轉得差別，名「後別住」。	若復苾芻，止息尋伺，內心清淨，安住一想，無尋無伺，此名「第二定生喜樂定」
次於後時，對治生起，心得自在，生歡喜時，名「調柔住」。	若復苾芻，不貪於喜，住於捨行，身得輕安妙樂，此名「第三離喜妙樂定」
於此喜愛，以無愛心對治生時，無所愛樂，其心安靜，名「寂靜住」。	若復苾芻，斷除樂想，亦無苦想，無悅意，無惱意，無苦無樂，此名「第四捨念清淨定」

又以《大智度論》描述的四禪比對，亦可顯示其類似性。

本論的九住心	《大智度論》的四禪定
若於最初學緣境時，其心堅執，名「最初住」。	禪定難得，行者一心專求不廢，乃當得之。「一心」名常繫心緣中，不令分散。
次於後時，令其正念流注不斷，名「正念住」。	

若依託此，有亂心生，更覆審察，緣境而住，名為「覆審住」。	繫心緣中，離五欲，除五蓋，入大喜初禪。
次於後時，轉得差別，名「後別住」。	行者知是覺觀，雖是善法，而燒亂定心。心欲離故，呵是覺觀。覺觀滅，內清淨，繫心一處，無覺無觀，定生喜樂，入二禪。
次於後時，對治生起，心得自在，生歡喜時，名「調柔住」。	行者觀喜之過，亦如覺觀；隨所喜處，多喜多憂。所以者何？如貧人得寶，歡喜無量；一旦失之，其憂亦深，喜即轉而成憂，是故當捨。離此喜故，行捨、念、智，受身樂。是樂聖人能得能捨，一心在樂，入第三禪。
於此喜愛，以無愛心對治生時，無所愛樂，其心安靜，名「寂靜住」。	行者觀樂之失，亦如觀喜，知心不動處，最為第一。若有動處，是則有苦；行者以第三禪樂動故，求不動處。以斷苦樂，先滅憂喜故，不苦不樂，捨念清淨，入第四禪。

第六「寂靜住」（第四禪）之後的「降伏住」、「功用住」和「任運住」，應該都是安住在第四禪的基礎上，進一步的降伏重障煩惱，乃至到達定境沒有間斷，以及不須作意就能不間斷的狀態。

第七，「次於後時，所有已生未生重障煩惱為降伏故，名降伏住。」意思是，以第四禪為基礎，進而降伏重障煩惱。

什麼是「重障煩惱」？本論的後文說到，「奢摩他、毘鉢舍那有二種障，謂『麁重障』及『見障』。應知二定是此對治，如次應配。」也就是說，奢摩他對治「麁重障」。

《攝大乘論》說大乘定學的殊勝，其中之一是：「由緣一切法爲通境智慧。如以楔出楔方便故。於本識中拔出一切麁重障故。」《攝大乘論釋》說：「本識相續中，有煩惱、業、報三品染濁種子，說名『習氣』，能障四德。由此定故，未滅令滅，已滅令不生。」

《俱舍論・分別業品》云：「薄伽梵說：重障有三，謂業障、煩惱障、異熟障。」《瑜伽師地論・聲聞地・瑜伽處》云：「無重障者，謂無三障。何等爲三：一者業障，二煩惱障，三異熟障。」

依此可見，這裡說的是，在寂靜的定中，用以降伏重障煩惱的習氣。

此義，在《雜阿含經1246經》也說：「復次，比丘得諸三昧，不爲有行所持，得寂靜勝妙，得息樂道，一心一意，盡諸有漏。如鍊金師、鍊金師弟子陶鍊生金，令其輕軟、不斷、光澤，屈伸隨意。（這裡指的是得第四禪）

「復次，比丘離諸覺觀，乃至得第二、第三、第四禪。如是正受，純一清淨，離諸煩惱，柔軟眞實不動。於彼彼入處，欲求作證悉能得證。如彼金師陶鍊生金，極令輕軟、光澤、不斷，任作何器，隨意所欲。如是，比丘三昧正受，乃至於諸入處悉能得證。」（這裡指的是依第四禪，有隨心所欲，斷諸煩惱的大力用）。

第八「功用住」和第九「任運住」都是定心無有間斷的狀態，差別在於「功用住」憑藉的是加行力，而「任運住」是串習力。

關於「定心無有間斷的狀態」，如《中阿含經‧大品龍象經》尊者烏陀夷作詩偈讚世尊，中間有一段說：「龍行止俱定，坐定臥亦定，龍一切時定，是謂龍常法。」說世尊行住坐臥，一切時皆定。

《雜阿含經808經》釋氏摩訶男問尊者迦磨「學住」和「如來住」的異同。迦磨比丘答言：「摩訶男！學住異、如來住異。摩訶男！學住者，斷五蓋多住。如來住者，於五蓋已斷已知，斷其根本，如截多羅樹頭，更不生長，於未來世成不生法。」這些都是定心無有間斷的例子。

從第八、九，可以看出，住心的鍛鍊，到第四禪的一心之後，還有使之無有間斷這回事。一種是由於加行力，一種是串習力。換言之，在這之前，仍有中斷障。在以下的「作意的四種差別」的說明中，就可以清楚的顯現出來。

「九種住心」，在無著菩薩所著的《六門教授習定論》、《大乘莊嚴經論》和《瑜伽師地論》都有提到，可以參考和對照。

《大乘莊嚴經論》的譯者是波羅頗蜜多羅（Prabhākara-mitra），在貞觀四年（630）夏開始，到七年（633）春訖。

《瑜伽師地論》的譯者是玄奘。時間是貞觀二十年（646）五月十五日，至二十二年（648）五月十五日畢。

《六門教授習定論》的譯者是義淨，時間是長安三年（703）十月四日。

九住心的名目，在《大乘莊嚴經論》卷第七是：「繫緣者，謂安住心，安心所緣不令離故。速攝者，謂攝住心，若覺心

亂速攝持故。內略者，謂解住心，覺心外廣更內略故。樂住者，謂轉住心，見定功德轉樂住故。調厭者，謂伏住心，心若不樂應折伏故。息亂者，謂息住心，見亂過失令止息故。或起滅亦爾者，謂滅住心，貪憂等起即令滅故。所作心自流者，謂性住心，所作任運成自性故。爾時得無作者，謂持住心，不由作意得總持故。」

二論的用語比較如下表：

習定論	狀態	莊嚴論	狀態
最初住	最初學緣境時	繫緣	安住心。安心所緣，不令離故。
正念住	令其正念流注不斷。	速攝	攝住心。若覺心亂，速攝持故。
覆審住	緣境而住。（初禪）	內略	解住心。覺心外廣，更內略故。
後別住	轉得差別。（二禪）	樂住	轉住心。見定功德，轉樂住故。
調柔住	對治生起，心得自在，生歡喜時。（三禪）	調厭	伏住心。心若不樂，應折伏故。
寂靜住	於此喜愛，以無愛心對治生時，無所愛樂，其心安靜。（四禪）	息亂	息住心。見亂過失，令止息故。
降伏住	所有已生、未生重障煩惱，為降伏故。	起滅	滅住心。貪憂等起，即令滅故。

功用住	以加行心，於所緣境，無間隨轉，一緣而住。	所作	性住心。所作任運，成自性故。
任運住	於所緣境，心無加行，任運隨流，無間入定，緣串習道。	無作	持住心。不由作意，得總持故。

　　九住心的名目，在《瑜伽師地論》卷第三十〈本地分中聲聞地第十三第三瑜伽處之一〉是：「云何名爲九種心住？謂有苾芻令心內住、等住、安住、近住、調順、寂靜、最極寂靜、專注一趣，及以等持，如是名爲九種心住。」

　　二論的用語比較如下表：

習定論	狀態	瑜伽論	狀態
最初住	最初學緣境時	內住	此則最初繫縛其心，令住於內，不外散亂。
正念住	令其正念流注不斷。	等住	即於此所緣境界，以相續方便、澄淨方便，挫令微細遍攝令住。
覆審住	緣境而住。（初禪）	安住	於外散亂，復還攝錄，安置內境。
後別住	轉得差別。（二禪）	近住	數數作意，內住其心，不令此心遠住於外。
調柔住	對治生起，心得自在，生歡喜時。（三禪）	調順	取彼諸相為過患想，於彼諸相折挫其心，不令流散。

寂靜住	於此喜愛，以無愛心對治生時，無所愛樂，其心安靜。（四禪）	寂靜	於諸尋思及隨煩惱，止息其心，不令流散。
降伏住	所有已生、未生重障煩惱，為降伏故。	最極寂靜	隨所生起諸惡尋思及隨煩惱能不忍受，尋即斷滅除遣變吐。
功用住	以加行心，於所緣境，無間隨轉，一緣而住。	專注一趣	謂有加行、有功用，無缺無間三摩地相續而住。
任運住	於所緣境，心無加行，任運隨流，無間入定，緣串習道。	等持	謂數修數習、數多修習為因緣故，得無加行、無功用任運轉道。由是因緣，不由加行、不由功用，心三摩地任運相續無散亂轉。

　　《瑜伽師地論》在此段後面加了一段文字，對於理解修習念住的九種住心的過程中，之所以能夠成辦的原因有所說明。茲錄如下：

　　「當知此中由六種力，方能成辦九種心住：一、聽聞力，二、思惟力，三、憶念力，四、正知力，五、精進力，六、串習力。初由聽聞、思惟二力，數聞數思增上力故，最初令心於內境住，及即於此相續方便、澄淨方便等遍安住。如是於內繫縛心已，由憶念力數數作意，攝錄其心令不散亂安住近住。從此以後，由正知力調息其心，於其諸相諸惡尋思、諸隨煩惱，不令流散，調順寂靜。由精進力，設彼二種暫現行時能不忍受，尋即斷滅除遣變吐，最極寂靜、專注一趣。由串習力，等持成滿。」

若以此六種力配置四種禪定，則如下：

瑜伽論	四禪	六力
內住		聽聞力、思惟力
等住		聽聞力、思惟力
安住	初禪	聽聞力、思惟力、憶念力
近住	二禪	憶念力
調順	三禪	正知力
寂靜	四禪	正知力
最極寂靜		精進力
專注一趣		精進力
等持		串習力

第三門之主題四： 作意的四種差別

九住心，根據其作意的方式不同，可分為四種。

頌曰：勵力并有隙，有用及無用，此中一六二，四作意應知。

釋曰：應知作意有其四種：一、勵力荷負作意，二、有間荷負作意，三、有功用荷負作意，四、無功用荷負作意。

此中，「堅執」不散是勵力荷負作意，初用功力而荷負故。

次「正流」等六種不散，是有間荷負作意，中間數有亂心起故。

無間加行，是有功用行荷負作意。

入串習道，是無功用行荷負作意。

如是攝已，謂「一六二」，應知即是四種作意。

頌曰：「作意」有四種：勵力荷負作意，有間荷負作意，有功用荷負作意，無功用荷負作意。其中，第一個指的是九住心中的第一「最初住」、第二個是九住心中間的六個，第三和第四是九住心的最後兩個。

釋曰：「作意」有四種：一、勵力荷負作意，二、有間荷

負作意,三、有功用荷負作意,四、無功用荷負作意。

九住心中,第一「最初住」,堅定地扣住所緣境而不散亂,是「勵力荷負作意」。因為這是開始使用心力而有荷負的狀態。

九住心中,接下來的「正念流注不斷」等六種不散亂,叫做「有間荷負作意」,因為這個階段的作意中間,都有散亂心生起。

第八「功用住」,是沒有間斷的加行,叫做「有功用行荷負作意」。

第九「任運住」,進入串習的狀態,是「無功用行荷負作意」。

這樣一、六、二的配置,就知九住心就是四種作意。

釋義:

四種荷負作意	九種住心
1勵力荷負作意	1最初住
2有間荷負作意	2正念住 3覆審住 4後別住 5調柔住 6寂靜住 7降伏住
3有功用荷負作意	8功用住
4無功用荷負作意	9任運住

把「九住心」的狀態,用「四種荷負作意」來說明,突顯

「住」的修習，也是「作意」的過程。事實上，本論以「無移念」來說明「住」，也是一種「作意」。

作意（梵文與巴利語：manasikāra）。《瑜伽師地論》說：「作意云何？謂心迴轉。」又說：「作意云何？謂能引發心所法。」《正法念處經》說：「云何名作意？攝取於法，故名作意。」《品類足論》說：「作意云何？謂牽引心－隨順牽引、思惟牽引；作意造意，轉變心，警覺心，是名作意。」可以說就是「引導自己的心這樣想」的意思，也就是「思惟」。

《法蘊足論》又說：「云何不作意？謂於出家遠離所生善法，不引發、不憶念、不思惟、不已思惟、不當思惟，心無警覺，總名不作意。」可見在佛教的修行中，引導自己的心如何想，是必要的。

關於四種作意，玄奘譯的《瑜伽師地論》也同樣提到，但是譯法略有差別，與九住心的比配略有小異：「即於如是九種心住，當知復有四種作意：一、力勵運轉作意，二、有間缺運轉作意，三、無間缺運轉作意，四、無功用運轉作意。於『內住』、『等住』中，有力勵運轉作意。於『安住』、『近住』、『調順』、『寂靜』、『最極寂靜』中，有有間缺運轉作意。於『專注一趣』中，有無間缺運轉作意。於『等持』中，有無功用運轉作意。」玄奘把「荷負」譯為「運轉」，用法更為通俗易懂。

四種作意	九種住心
1力勵運轉作意	1內住 2等住

2有間缺運轉作意	3安住 4近住 5調順 6寂靜 7最極寂靜
3無間缺運轉作意	8專注一趣
4無功用運轉作意	9等持

二論的譯語的比較

六門教授習定論	瑜伽師地論
1勵力荷負作意	1力勵運轉作意
2有間荷負作意	2有間缺運轉作意
3有功用荷負作意	3無間缺運轉作意
4無功用荷負作意	4無功用運轉作意

　　從比較中可以看到，在第三種，《瑜伽師地論》強調它相對於第二，是「無間缺」，《六門教授習定論》強調它相對於第四是「有功用」。

　　《瑜伽師地論》又說：「云何作意？謂四作意。何等為四？一、力勵運轉作意，二、有間運轉作意，三、無間運轉作意，四、無功用運轉作意。云何力勵運轉作意？謂初修業者，令心於內安住、等住，或於諸法無倒簡擇，乃至未得所修作意。爾時作意力勵運轉，由倍勵力，折挫其心，令住一境，故名力勵運

轉作意。云何有間運轉作意？謂得所修作意已後，世出世道漸次勝進，了相作意由三摩地思所間雜，未能一向純修行轉，故名有間運轉作意。云何無間運轉作意？謂從了相作意已後，乃至加行究竟作意，是名無間運轉作意。云何無功用運轉作意？謂加行究竟果作意，是名無功用運轉作意。」

二論的釋義的比較

六門教授習定論	瑜伽師地論
此中，堅執不散，是勵力荷負作意。初用功力而荷負故。	云何力勵運轉作意？謂初修業者，令心於內安住、等住，或於諸法無倒簡擇，乃至未得所修作意。爾時作意力勵運轉，由倍勵力，折挫其心，令住一境，故名力勵運轉作意。
次，正流等六種不散，是有間荷負作意，中間數有亂心起故。	云何有間運轉作意？謂得所修作意已後，世出世道漸次勝進，了相作意由三摩地思所間雜，未能一向純修行轉，故名有間運轉作意。
無間加行，是有功用行荷負作意。	云何無間運轉作意？謂從了相作意已後，乃至加行究竟作意，是名無間運轉作意。
入串習道，是無功用行荷負作意。	云何無功用運轉作意？謂加行究竟果作意，是名無功用運轉作意。

由此可見，第一種「勵力荷負作意」，指的是初學住心時，尚未純熟，努力地攝心。第二種「有間荷負作意」，指的是已經可以比較成熟地攝心，但是中間還是難免有散亂。第三種「有功用荷負作意」，是攝心更加的純熟，不再有間斷。第四種

「無功用荷負作意」，則是純熟到成為自然的狀態。

　　本論把「勵力荷負作意」只配屬於「最初住」，但瑜伽論則把一與二都屬於此。這是二論的差別。

第三門之主題五：
散亂的五種差別

　　謂外內邪緣、麁重并作意，此亂心有五，與定者相違，於彼住心緣，不靜外散亂，掉沈心味著，內散亂應知。應識邪緣相，謂思親族等，生二種我執，是名麁重亂。見前境分明，分別觀其相，是作意散亂，異斯唯念心。於作意亂中，復有其亂相。於乘及靜慮，初二應除遣。

　　又，心散亂有其五種：一、外心散亂，二、內心散亂，三、邪緣心散亂，四、麁重心散亂，五、作意心散亂。

　　外心散亂者，於住心境起緣之時，遂緣餘事心流散故。

　　內心散亂者，謂掉舉等三於所緣境中間亂起故。

　　邪緣散亂者，於修定時諸有尋求親識等事而生顧戀。

　　麁重心散亂者，有二我執令其心亂。於修定時有此二事，謂益及損。若身安隱名之為益，身體羸弱即是其損。或云「我今得樂」，或云「我今有苦」，或云「是我之樂」，或云「是我之苦」。此中「我」者，是執取義。

　　言作意心散亂者，有其三種。於所緣相分明而住，是思察性。或從此乘更趣餘乘，或從此定更趣餘定，謂極分別思察定時，遂使心亂名心散亂。「異斯唯念心」者，此能對治初作意散亂。由不分別而緣於境，但有念心。此明成就心不忘念。此三散亂，初二應捨。第三由是從定趣定，希勝上故亦非是過。

頌曰：與定心相違的「散亂心」有五種：一、外心散亂，二、內心散亂，三、邪緣心散亂，四、麁重心散亂，五、作意心散亂。

對於住心的所緣境，不能靜守，就是「外心散亂」。

掉舉、昏沈、味著，就是「內心散亂」。

「邪緣心散」，指的是憶念起親族等。生起二種我執，就是「麁重心散亂」。

見前境了了分明，這樣觀察其相，這叫做「作意心散亂」。了了分明而又不是散亂的，只有「念心」，

在「作意心散亂」中，除了「思察性」之外，還有對於「乘」和「靜慮」的辯明。前二者應當除遣。

釋曰：又，心散亂有五種：一、外心散亂，二、內心散亂，三、邪緣心散亂，四、麁重心散亂，五、作意心散亂。

「外心散亂」指的是，在以境為緣而修住心時，卻想到其他的事，導致心念流散。

「內心散亂」指的是，掉舉、昏沈、味著等三者，在所緣境中間亂起。

「邪緣心散亂」指的是，在修定時，各種想到親戚、朋友之事，而生起顧戀之心。

「麁重心散亂」指的是，產生二種我執，使其心亂。

也就是在修定時，會產生修定是有益或有損的想法。如果身安隱，就叫作有益；身體羸弱就是有損。有時候說：「我今得樂」，或是「我今有苦」；有時說「這是我之樂」，有時又認為「這是我之苦」。其中產生的「我」，就是「執取」的意思。

「作意心散亂」有三種：對於所緣境相，了了分明而住，

就是所謂「思察性」；有時為了從此乘更趣餘乘，或者從此定更趣餘定，也就是極力分別思察定境時，遂使心亂，稱為「心散亂」。

與此二者不同的只有「念心」，就是說，只有念心，而不分別於境，能夠對治開始的作意散亂。這樣就是成就了心不忘念。

此三種散亂，第一與第二種應該捨去，第三種因為是從定趣定，希求勝上的定境，所以並不是過失。

釋義：

修習住心對治的五種散亂

《大乘五蘊論》說：「云何散亂？謂貪瞋癡分，心流蕩為性。」也就是說，這是煩惱的生起，障礙了定心。

李老師在《會罵人的般若經》中有一篇短文〈克服散亂，談何容易！〉全文是：「絕大多數的修行人，都會面臨克服散亂的問題；然而，一般人對這一問題普遍都存有盲修瞎練的無知；因為他們的方法都是透過各種技巧性的、形式性的所謂『修定』，希望達到對治散亂，使自己的心地趨於專一無雜的境地。其實，從我的經驗來看，他們必然會失敗的！無論他們經過無數次的嘗試，都不會成功的。為什麼？就好像一個立志做『拳擊手』的人，他只是每天猛練左鉤拳、右鉤拳、直拳……，這樣的情形，是不足以成為拳擊手的；如果他真的有決心成為傑出的拳擊手，那麼在實際練拳、打沙包之外，更重要的事情，還有很多……諸如生活要有規律、營養要充足、每天要跑步、做伏地挺身、仰臥起坐、跳繩、舉重、柔軟體操，以及還要有『人肉沙

包』——有人跟他實際對打練習等等。想超越散亂，卻只注重打坐的修定，他的失敗就跟上述的拳擊手是一樣的。

「一個真正想克服散亂，達到擁有禪定力的修行人，在實際的打坐之前所要具備的條件是非常多的，它遠遠超過一般人的想像；嚴格而言，即使是悟道的聖者，對於散亂也沒有永斷令其不生的證德和斷德，對他而言，散亂有因有時仍然會生起的。據此，可知一般修定的人，的確太低估了克服散亂所需付出的心力！

「散亂要如何克服、如何降低呢？如前所說，須要具備的條件很多，在此簡單的說，很重要的有兩點，首先要『看淡名利，經營世俗之心要淡薄』，一個尚在名利場合極力與人競逐的人，不散亂是不可能的，想修定更永遠只是空願而已！另外則是『隨時要將道念跟一切行事作務連在一起』。具體的說，吃飯，不能忘了道；爬山，不能忘了道；和人聊天，嬉笑怒罵不能忘了道；乃至談情說愛、夫妻行房也不能忘了道……，如果有人能先做到以上兩點，那麼他會發現：哦！原來散亂是指貪慾熾烈的心。哦！原來散亂是指失去了道念，迷失自我察覺的心。」

李老師的這個分析當然是具有原則性的。而本論則把在修習住的過程中的散亂分為五種，當然是與李老師所說的原則不相違，而且這樣的分析，有助於了解修定的具體操作方式。

查閱大乘論書，可以看到《辯中邊論》、《顯揚聖教論》、《大乘阿毘達磨集論》和《大乘阿毘達磨雜集論》、《瑜伽師地論》，對於散亂的分類和本論大致是一樣的。參照這些論書有助於我們了解其內容。

一、「外心散亂」

六門教授習定論	外心散亂者，於住心境起緣之時，遂緣餘事心流散故。
辯中邊論	於境流者，馳散外緣，即外散亂。
顯揚聖教論	外心散亂，謂於外妙五欲中，及憒鬧相貌，尋思隨煩惱外境界中縱心流散。
大乘阿毘達磨集論	云何外散亂？謂正修善時，於五妙欲，其心馳散。
大乘阿毘達磨雜集論	外散亂者，正修善時，於五妙欲，其心馳散。謂方便修聞等善法，捨彼所緣，心外馳散，處妙欲中。
瑜伽師地論	若於其外五種妙欲諸雜亂相所有尋思隨煩惱中，及於其外所緣境中，縱心流散，當知是名外心散動。

　　簡單來說，就是在修習時，由於被色、聲、香、味、觸等外境所吸引，而生起的散亂。這相應於李老師所說的：「首先要『看淡名利，經營世俗之心要淡薄』，一個尚在名利場合極力與人競逐的人，不散亂是不可能的，想修定更永遠只是空願而已！」

二、「內心散亂」

六門教授習定論	內心散亂者，謂掉舉等三，於所緣境中間亂起故。

辯中邊論	味沈掉者，味著等持，惛沈、掉舉，即內散亂。
顯揚聖教論	內心散亂，謂或由惛沈睡眠下劣，或由味著諸定，或由種種定中隨煩惱故，惱亂其心。
大乘阿毘達磨集論	云何內散亂？謂正修善時，沈、掉、味著。
大乘阿毘達磨雜集論	內散亂者，正修善時沈、掉、味著。謂修定者發起沈、掉及味著故，退失靜定。
瑜伽師地論	若由惛沈及以睡眠，或由沈沒，或由愛味三摩鉢底，或由隨一三摩鉢底諸隨煩惱之所染污，當知是名內心散動。

內心散亂就是在修習時，產生掉舉、惛沈和味著。

掉舉和惛沈是障礙禪定的「五蓋」中的兩個名目。這是在修習住時，心上舉或太下沈，造成不平衡的狀態。《發智論》說：「云何掉舉？答：諸心不寂靜，不止息，輕躁掉舉，心躁動性。是謂掉舉。」「云何惛沈？答：諸身重性，心重性，身不調柔，心不調柔，身瞢，心瞢，身憒悶，心憒悶，心惛重性，是謂惛沈。」

修習住時，應該要善於使心達到平衡。如《雜阿含經1247經》所說：

「如是我聞：一時，佛住王舍城迦蘭陀竹園。

「爾時，世尊告諸比丘：『應當專心方便，隨時思惟三相。云何為三？隨時思惟止相，隨時思惟舉相，隨時思惟捨相。若比丘一向思惟止相，則於是處其心下劣。若復一向思惟舉相，則於是處掉亂心起，若復一向思惟捨相，則於是處不得正定，盡

諸有漏。以彼比丘隨時思惟止相，隨時思惟舉相，隨時思惟捨相故，心則正定，盡諸有漏。如巧金師、金師弟子以生金著於爐中增火，隨時扇韛，隨時水灑，隨時俱捨。若一向鼓韛者，即於是處生金焦盡。一向水灑，則於是處，生金堅強。若一向俱捨，則於是處生金不熟，則無所用。是故，巧金師、金師弟子於彼生金隨時鼓韛，隨時水灑，隨時兩捨。如是生金，得等調適，隨事所用。如是，比丘！專心方便，時時思惟，憶念三相，乃至漏盡。』

「佛說是經已，諸比丘聞佛所說，歡喜奉行。」

此外，如《瑜伽師地論》所說，掉舉和惛沈各有其在日常生活中的原因：「掉舉者，謂因親屬尋思、國土尋思、不死尋思，或隨憶念昔所經歷戲笑歡娛所行之事，心生諠動騰躍之性。」也就是貪戀世間的結果。「惛沈者，謂或因毀壞淨尸羅等隨一善行，不守根門，食不知量，不勤精進減省睡眠，不正知住而有所作，於所修斷不勤加行隨順，生起一切煩惱，身心惛昧，無堪任性。」也就是生活習慣不佳，習慣於懶散的結果。

味著，指的是在修習住時，對於生起的寂靜功德產生愛著。如《大智度論》所說：「『味』者，初得禪定，一心愛著，是為味。

「問曰：一切煩惱皆能染著，何以故但名愛為味？

答曰：愛與禪相似。何以故？禪則攝心堅住，愛亦專著難捨。又初求禪時，心專欲得，愛之為性，欲樂專求，欲與禪定不相違故。既得禪定，深著不捨，則壞禪定。譬如施人物，必望現報，則無福德；於禪受味，愛著於禪，亦復如是。是故但以愛名味，不以餘結為味。」這裡說的是，「愛」和修住心時的「攝心

堅住」很類似。但是如果真的得定之後，愛著定境，則反成散亂的一種，破壞定境。

三、「邪緣心散亂」

六門教授習定論	邪緣散亂者，於修定時，諸有尋求親識等事而生顧戀。
辯中邊論	矯示者，即相散亂。矯現相已，修定加行故。
顯揚聖教論	相心散亂，謂依止外相，作意思惟內境相貌。
大乘阿毘達磨集論	云何相散亂，謂為他歸信，矯示修善。
大乘阿毘達磨雜集論	相散亂者，為他歸信，矯示修善。謂欲令他信己有德故現此相。由此因緣，所修善法，漸更退失。
瑜伽師地論	若依外相，於內等持所行諸相作意思惟，名相散動。

　　由於《辯中邊論》等其他論書的散亂名目，都沒有「邪緣散亂」，而都立有「相散亂」，可見這兩個詞原來應該是同一個名目。而本論的解釋是「邪緣散亂者，於修定時，諸有尋求親識等事而生顧戀」，其意義比對其他諸論，特別是《大乘阿毘達磨集論》和《大乘阿毘達磨雜集論》的解釋，意義就明顯多了。如果正是為了吸引他人歸信，矯示修善，所以才會在修定時「諸有尋求親識等事而生顧戀」。

　　《瑜伽師地論》說：「心懷染污，為顯己德，假現威儀，故名為『矯』。心懷染污，為顯己德，或現親事，或行軟語，故

名為『詐』。心懷染污，欲有所求，矯示形儀，故名『現相』。」

四、「麁重心散亂」

六門教授習定論	麁重心散亂者，有二我執令其心亂。於修定時有此二事，謂「益」及「損」。若身安隱名之為「益」，身體羸弱即是其「損」。或云「我今得樂」，或云「我今有苦」，或云「是我之樂」，或云「是我之苦」。此中「我」者，是「執取」義。
辯中邊論	我執者，即麁重散亂。由麁重力，我慢現行故。
顯揚聖教論	麁重心散亂，謂內作意為緣生起諸受，由麁重身故，計我我所。
大乘阿毘達磨集論	云何麁重散亂？謂依我、我所執，及我慢品麁重力故，修善法時，於已生起所有諸受起我我所，及與我慢執受間雜取相。
大乘阿毘達磨雜集論	麁重散亂者，依我、我所執，及我慢品麁重力故，修善法時，於已生起所有諸受起我我所，及與我慢執受間雜取相。謂由我執等麁重力故，於已生起樂等受中，或執為我，或執我所，或起我慢，由此所修善品永不清淨。執受者，謂初執著。間雜者，從此已後，由此間雜諸心相續。取相者，謂即於此受數執異相。
瑜伽師地論	內作意為緣，生起所有諸受，由麁重身，計我起慢，當知是名麁重散動。

在各論的比較中，本論的意思最為明顯易懂。意思就是對於在打坐中生起的覺受，產生了「我相」，也就是「自己的狀態

好壞」的執取，稱爲「麁重心散亂」。「麁重」在佛典中是一個常見的形容詞，但沒有特定嚴格的所指。《瑜伽師地論》說：「云何麁重相？謂若略說，無所堪能、不調柔相，是麁重相。此無堪能不調柔相復有五相：一、現重相，二、剛強相，三、障礙相，四、怯劣相，五、不自在轉、無堪能相。由有此相順雜染品、違清淨品，相續而住，是故說爲『無所堪能、不調柔相』」。

五、「作意心散亂」

六門教授習定論	言作意心散亂者，有其三種：於所緣相分明，而住是思察性，或從此乘更趣餘乘，或從此定更趣餘定。謂極分別思察定時，遂使心亂，名心散亂。「異斯唯念心」者，此能對治初作意散，由不分別而緣於境，但有念心，此明成就心不忘念。此三散亂，初二應捨，第三由是從定趣定，希勝上故，亦非是過。
辯中邊論	心下劣者，即作意散亂。依下劣乘起作意故。
顯揚聖教論	作意心散亂，謂諸菩薩棄捨大乘相應作意，退習聲聞獨覺相應下劣作意。
大乘阿毘達磨集論	云何作意散亂？謂依餘乘、餘定，若依、若入，所有流散；能障離欲為業。
大乘阿毘達磨雜集論	作意散亂者，謂於餘乘、餘定，若依、若入，所有流散。謂依餘乘或入餘定，捨先所習，發起散亂。當知能障離欲為業，謂依隨煩惱性散亂說。

瑜伽師地論	若諸菩薩捨於大乘相應作意，墮在聲聞獨覺相應諸作意中，當知是名作意散動。

　　和諸論比較起來，本論所說的「作意心散亂」有三種，而其他諸論則只提到其中的一種或兩種。其中諸論都共同說到的是「從此乘更趣餘乘」這種散亂。特別是「依下劣乘起作意」、「棄捨大乘相應作意，退習聲聞獨覺相應下劣作意」、「捨於大乘相應作意，墮在聲聞獨覺相應諸作意中」，這些都與大乘的立場和觀念相關。且不論。

　　此外二種，一是「於所緣相分明，而住是思察性」。後文說：「『異斯唯念心』者，此能對治初作意散亂，由不分別而緣於境，但有念心，此明成就心不忘念。」這裡說得十分的細緻，開始的時候，「於所緣相分明，而住是思察性」是「作意散亂」，亦即「作意」本身也可能是「散亂」，因此要以「由不分別而緣於境」也就是所謂的「念心」或「心不忘念」來克服這個矛盾。

　　另一種是「從此定更趣餘定」，論云：「此三散亂，初二應捨，第三由是從定趣定，希勝上故，亦非是過。」

第三門之主題六：住資糧——修住心者的生活習慣（戒行清淨）

　　頌曰：住戒戒清淨，是資糧住處，善護諸根等，四淨因應知。正行於境界，與所依相扶，於善事勤修，能除諸過失。最初得作意，次得世間淨，更增出世住，三定招三界。

　　釋曰：「住資糧」者，謂戒即是無邊功德所依止處。必先住戒，戒行清淨無有缺犯。若求戒淨，有四種因：一、善護諸根，二、飲食知量，三、初夜後夜能自警覺與定相應，四、於四威儀中正念而住。

　　何故善護諸根等令戒清淨？由正行於境，與所依相扶。善事勤修，能除於過。初因即是於所行境行清淨故。二、於所依身共相扶順，於受飲食離多少故。三、於善事發起精勤故。四、能除過失，進止威儀，善用心故。由此四因，戒得清淨，如是應知。

　　頌曰：安住於戒，戒行清淨，就是修定的資糧住處。「善護諸根」等四者，就是戒行清淨的原因。

　　修心安住於境界，而能與所依的根身相扶持，勤修善事，除諸過失。

釋曰：所謂「住資糧」，就是說，「戒」是無量無邊功德的基礎。因此必須先持守戒行，戒行清淨，沒有缺失和過犯。

要做到戒行清淨，它的條件有四個：一、「善護諸根」，二、「飲食知量」，三、「初夜後夜能自警覺與定相應」，四、「於四威儀中正念而住」。

為什麼「善護諸根」等四者，能夠使戒行清淨？因為能夠正心對境，和所依的根身相扶持，又善於勤修，和免除過失。因為第一「善護諸根」就是以清淨心，來面對境界。

第二「飲食知量」，就是飲的量恰到好處，沒有過多或過少的缺失，以此調理修定所依的根身。

第三「初夜後夜能自警覺與定相應」，是對於修定這種善事，發起精進的修習。

第四「於四威儀中正念而住」，因為能在行住坐臥中，善於用心，因此能除種種過失。

由於這四個條件，所以戒行得到清淨。

釋義：

本論使用「資糧」一詞有二處，前面在第二主題「積集者，謂能積集勝行資糧」，指的是聞、思、修正法。這裡則是指戒行清淨，或生活習慣。

佛光大辭典：「資糧（梵sambhāra），為必需品之意，諸經中每以『資糧』一詞引申為趨向菩提之資本，或謂長養資益菩提之因的諸善法。」

《雜阿含經》1233經：「如人少資糧，涉遠遭苦難。不修功德者，必經惡道苦。如人豐資糧，安樂以遠遊。修德淳厚者，

善趣長受樂。」可見「資糧」一詞，指的是旅行者攜帶的財物，用來譬喻眾生在生命之旅中可資憑藉的功德智慧。

《瑜伽師地論》說：資糧「略有四種：一、福德資糧，二、智慧資糧，三、先世資糧，四、現法資糧。福德資糧者，謂由此故，於今獲得隨順資具，豐饒財寶，遇真福田，爲善知識，離諸障礙，能勤修行。智慧資糧者，謂由此故，成就聰慧，有力有能解了善說惡說法義，獲得隨順法教義教教授教誡。先世資糧者，謂由宿世積集善根，於今獲得諸根成就。現法資糧者，謂於今世有善法欲，諸根成熟，具戒律儀及根律儀。」

換言之，成就善法，須爲它具備條件。在第二主題所說的，以聞思修正法爲資糧，是「智慧資糧」；而在此說的戒行清淨，或生活習慣，則是「現法資糧」。

這裡所說的「住資糧」，是說「戒」是無量無邊功德的基礎，因此必須先持戒，戒行清淨，沒有缺失和過犯。也就是說，良好的生活態度與習慣，是習定者的資糧。

至於要做到戒行清淨，它的條件有四個：一、「善護諸根」，二、「飲食知量」，三、「初夜後夜能自警覺與定相應」，四、「於四威儀中正念而住」。

爲什麼這四者，能夠使戒行清淨？（1）「善護諸根」，就是感官的習慣，就是以清淨心，來面對境界。（2）「飲食知量」，就是飲食的習慣，食量恰到好處，沒有過多或過少的缺失，以此調理修定所依的根身。（3）「初夜後夜能自警覺與定相應」，就是保持清醒的習慣，也就是不貪睡眠，對於修定這種善事，發起精進的修習。（4）「於四威儀中正念而住」，就是行住坐臥的習慣。因爲能在行住坐臥中，善於用心，因此能除種

種過失。由於這四個條件，所以戒行得到清淨。

關於「善護諸根」，就是所謂的「根律儀」。

如《雜阿含經》277經所說：

如是我聞：一時，佛住舍衛國祇樹給孤獨園。

爾時，世尊告諸比丘：「有不律儀、律儀。諦聽，善思，當為汝說。

「云何不律儀？眼根不律儀所攝護。眼識著色，緣著故，以生苦受；苦受故，不一其心；不一心故，不得如實知見；不得如實知見故，不離疑惑；不離疑惑故，由他所誤，而常苦住。耳、鼻、舌、身、意亦復如是。是名不律儀。

「云何律儀？眼根律儀所攝護。眼識色，心不染著；心不染著已，常樂受住；心樂住已，常一其心；一其心已，如實知見；如實知見已，離諸疑惑；離諸疑惑已，不由他誤，常安樂住。耳、鼻、舌、身、意亦復如是。是名律儀。

「佛說此經已，諸比丘聞佛所說，歡喜奉行。」

關於日常生活習慣與修定的關係，李老師說：

「一個矢志修習禪定的人，除了安排時間，獨一靜處專心修定之外，更重要的是在漫漫日常中務必攝心，使自己養成清醒、明朗的神智，因為這將會延續到靜中的心念來。」（總論）

「一般人修禪定，經常注重打坐的禪定；其實禪定的修習，更應該利用上班時、炒菜時、陪小孩玩時、在履行責任和義務時加以鍛鍊。為什麼？一個人如果一天只打坐一小時，剩下的二十三小時都不修禪定，那就好比燒一壺開水，燒一分鐘，剩下的二十三分鐘都在休息，這樣水不容易燒開。反之，如果在日常

生活行住坐臥當中修禪定，那就像燒開水燒了二十三分鐘，即使沒有打坐——少燒一分鐘，水也容易煮開。如果進而再透過打坐加強修習禪定，那麼就等於二六時中都在修定，這樣很快就可以鍛鍊起禪定，於未到地定或於初禪得自在。這種境界的達成，花費幾個星期就能達成，所以極精進的修定要在日常生活中鍛鍊。」（善護諸根）

「學習不執著的人，從不貪吃貪睡開始。一個人如果很在意感官的享樂，就不會想去修禪定，沒有禪定，就沒辦法學得不執著的禪心。」

「修定的人，不是睡著就是清醒，不是清醒就是睡著，沒有既躺在床上卻又胡思亂想的，或者既醒著卻又昏昏沈沈的情形。」（初夜後夜能自警覺與定相應）

「除了面對生活、工作、婚姻、感情……不得不處理、思考的事情以外，切莫無端發射腦波——應使自己經常『心空如洗，一念不生』，沒有心事、沒有思考地生活著。」

「行不知行，坐不知坐的人，永遠不會明白禪定的秘訣。」

「修定的人，沈浸在簡單的生活中，享受單純的滿足。」

「一切時地攝心不散，勿使心念全投於境」。（於四威儀中正念而住）

第三門之主題七：
所緣境不同，修的就是不同的定
第三門之主題八：修定的果

最初得作意，次得世間淨，更增出世住，三定招三界。

由三種定得三出離：緣外境時得作意住，緣上境時得世清淨，緣內心時得出世淨。

住者即是永得出離，必趣涅槃更不退轉。

已釋於住勤修習。

頌曰：第一種外所緣境，得到的是作意，第二種上所緣境，得世間清淨，第三內所緣境，進而安住於出世間。三種所緣境的定，招來三種不同的狀態。

釋曰：由此可知，由三種定，可得三種出離。也就是，以外境為對象，得到作意住；以在上之境為對象，可得到世間清淨；以內心為對象，得到出世間的清淨。

所謂「住」，就是永得出離，必定趣向涅槃，而不再退轉。

以上解釋的是「於住勤修習」。

釋義：

所緣境不同，修的就是不同的定。

以「外所緣」修習住心，得到「作意住」；以「上所緣」修習，得到世間清淨；以「內所緣」修習，得到出世間清淨。

「作意住」、「世間清淨」、「出世間清淨」三者的定義如下：

「作意住」，根據《瑜伽師地論》卷32，瑜伽行的「初修業者」，入手處就是依不淨觀、慈愍觀、緣起觀、界差別觀、阿那波那念等，即這裡所說的「外所緣境」，修習四念住。其修業的結果，《瑜伽師地論》稱為「有作意」。論文這樣說：「從是已後，於瑜伽行初修業者名『有作意』，始得墮在『有作意』數。何以故？由此最初獲得色界定地所攝少分微妙正作意故，由是因緣名『有作意』。」

《瑜伽師地論》所描述的「有作意」的初學者，是得到少分定心的人，可以進一步去修習「淨惑所緣加行」。「淨惑所緣」，《瑜伽師地論》卷27說，它包含了「世俗道淨惑所緣」和「出世間道淨惑所緣」，也就是這裡所說的「世間清淨」和「出世間清淨」。論文云：「得此作意初修業者有是相狀，謂已獲得色界所攝少分定心，獲得少分身心輕安心一境性，有力有能善修淨惑所緣加行，令心相續滋潤而轉，為奢摩他之所攝護能淨諸行。雖行種種可愛境中，猛利貪纏亦不生起。雖少生起，依止少分微劣對治，暫作意時即能除遣。如可愛境，可憎、可愚、可生憍慢、可尋思境，當知亦爾。宴坐靜室暫持其心，身心輕安疾疾生起，不極為諸身麁重性之所逼惱，不極數起諸蓋現行，不極現行思慕，不樂憂慮俱行諸想作意。雖從定起，出外經行，而有

少分輕安餘勢隨身心轉。如是等類當知是名有作意者清淨相
狀。」

　　其次，「世間清淨」、「出世間清淨」二者的差別，《大
乘阿毘達磨雜集論》說：「世間清淨離欲增上者。謂信、勤、
念、定、慧根。由此制伏諸煩惱故。出世清淨離欲增上者，謂所
建立未知欲知根、已知根、具知根，由此永害諸隨眠故。」由此
可見，前者是凡夫得定，制伏諸煩惱，稱為「世間清淨」。後者
是聖者斷除見惑、思惑，永滅煩惱，稱為「出世間清淨」。

　　《大智度論》：「『未知欲知根』者，無漏九根和合，信
行、法行人，於見諦道中名『未知欲知根』，所謂信等五根，
喜、樂、捨根，意根。信解、見得人，思惟道中，是九根轉名
『知根』。無學道中，是九根名『知已根』。」

　　由此可見，同樣是修習住心，所緣境的不同，達到的定也
不同。上緣得到世間定，內緣得到出世間定，而外緣則是初學者
的陶練，為後二者建立基礎。

　　第八主題，也就是結語：修習住的終極的果，就是永得出
離，必趣涅槃，更不退轉。這和第一主題，為了速離煩惱而修
定，是相互呼應的。

第四門：修定的憑藉

　　頌曰：多聞及見諦，善說有慈悲，常生歡喜心，此人堪教定。盡其所有事，如所有而說，善解所知境，斯名善教人。聞生意言，說為寂滅因，名寂因作意，是謂善圓滿。

　　釋曰：圓滿有三：一、師資圓滿，二、所緣圓滿，三、作意圓滿。

　　此中初頌說「師資圓滿」，意顯其人善教圓滿、證悟圓滿、善語圓滿、無染心圓滿、相續說法加行圓滿。此顯教授師眾德圓滿，由此師故，得聞正法，有所證悟。

　　次明「所緣圓滿」說第二頌。盡所有事，如事而說，善所知境，名為「善說」。此明師資能說諸事窮盡無悋，故名所緣圓滿。

　　次明「作意圓滿」說第三頌。此顯以聞為因，所起意言，能與聖道、涅槃為正因故。緣此意言，所有作意皆得圓滿。此中因言顯聞，即是意言之因。言「寂滅」者，即是涅槃及以道諦，自體寂滅及能趣滅故。總言之「寂因作意」者，明此作意緣寂滅因。何謂所緣？了法無性。如是緣時，即是其因，亦是寂滅故。此作意名為寂因，是一體釋。又，緣此作意亦名寂因，此別句釋。（准如是釋，應云「寂因作意」。舊云「如理作意」者，非正翻也）。

頌曰：通達教理、悟道見諦，善於說法，有慈悲心，常生歡喜心，這樣的人堪能教人修定。

明白修定中所有的內容，並且能夠如其所有而說，善於剖析所知境，這樣的人才能稱為善教的人。

由聽聞正法而產生的意言，就是寂滅之因。這樣就是「寂因作意」。這就是「善圓滿」。

釋曰：「圓滿」有三種，一、「師資圓滿」，二、「所緣圓滿」，三、「作意圓滿」。

這裡，第一個偈頌說的是「師資圓滿」；意思是說，這樣的人通達教理、悟道見法、善於表達、心中慈悲，沒有染著、能夠從不同的角度宣說佛法，這幾個方面都達到圓滿。教授禪法的老師具備圓滿的德能，就能使學習的人了解正法，而有所證悟。

第二個偈頌說的是「所緣圓滿」。對於修定中所有的情況，都能確切的說明；精通修定中所有的情況，才叫作「善於說法」。也就是說，禪師能夠窮盡而且無誤的說明修定的情況，所以稱為「所緣圓滿」。

接著，第三個偈頌解釋什麼是「作意圓滿」。它要表達的是，因為聽聞而生起的意言，就是聖道和涅槃的直接原因。透過這些意言，修定者所有的作意，都能得到圓滿。

這裡，可以看到聽聞就是意言的原因。

偈頌中所說的「寂滅」，包括了滅諦涅槃和道諦；因為涅槃的自體即是寂滅，而道諦能使人趣向寂滅。

總而言之，所謂「寂因作意」就是：這種作意是以「寂滅因」作為所緣的對象。

　　什麼是所緣的對象？就是「明白諸法無自性」。因為這樣觀察時，作意一方面是寂滅的原因，另一方面作意本身也是寂滅的。這種作意就是寂滅因，這是「一體釋」。

　　又，以寂滅作為對象來思惟，也叫作寂滅因，這種解釋法叫作「別句釋」。

　　（根據這樣的解釋，應該叫作「寂因作意」，過去稱為「如理作意」，不是正確的譯法。）

釋義：

　　修定的直接憑藉：善知識及正法－正依圓滿。

　　修定的直接憑藉，就是多聞熏習，如理作意而已，也就是憑藉善知識及其所說的正法。本論把它表述為三種圓滿：一、師資圓滿，二、所緣圓滿，三、作意圓滿。

　　讀《雜阿含經》，在幾個不同的「相應」都看到有同樣的排比，就是先提到「於內法中」有一個最關鍵的，能令善法生起與增廣、惡法消退與不生的，就是「正思惟」，反之則是「不正思惟」。然後就會接著說「於外法中」起關鍵作用的，則是「善知識、善伴黨、善隨從」，反之則是「惡知識、惡伴黨、惡隨從」。

　　它的意思是：佛法，或者解脫之道，一方面是個人獨處的事，自己要想明白（正思惟）。另一方面，人也會受到他身邊的人的影響。在上的師長、平輩的友人、在下的隨從。

　　在這些經文中，還出現了阿難對世尊說：善知識、善伴黨是「半梵行」。結果世尊糾正阿難，說：親近善知識、善伴黨，是全部的梵行。

《瑜伽師地論‧攝事分》，對此的詮釋是：「若內若外一切力中，為欲生起八支聖道有二種力，於所餘力最為殊勝。云何為二？一者，於外力中，善知識力最為殊勝。二者，於內力中，正思惟力最為殊勝。當知此中離諸障礙，先修福業，於衣食等無匱乏等，名餘外力。除正思惟，相應想外餘斷支分，名餘內力。

「外善知識者，謂從彼聞無上正法，由此故名『從他聞音』。『內正思惟』者，謂此無間能發正見，為上首道。」這樣的統合，就更加清晰了。這也就是佛陀所說的：「有二因緣能生正見：一者、從他聞法，二者、內正思惟。」

《雜阿含經》1023經，佛對阿難尊者說，解脫證悟有途徑，是「得聞大師教授教誡、種種說法」或「遇諸餘多聞大德修梵行者，教授教誡說法」或者「彼先所受法，獨靜思惟，稱量觀察」。這與《六祖壇經》所說的：「若大乘人，若最上乘人，聞說《金剛經》，心開悟解。」或者「不能自悟，須假大善知識，示導見性」。

此論在這裡說明的，就是修定所依的「善知識」和「正思惟」的具體內容是什麼。

一、**師資圓滿**：能夠教人修定的師資，須具備五個條件：（1）多聞，（2）見諦，（3）善說，（4）有慈悲，（5）常生歡喜心。也就是說，這樣的人通達教理、悟道見法、善於表達、內心慈悲，常生歡喜，這幾個方面都達到圓滿。教授禪法的老師具備圓滿的德行和能力，就能使學習的人了解正法，而有所證悟。

關於（1）多聞。

冉雲華教授有〈佛教中的「多聞」概念——佛學與學佛問

題的展開〉論文。他說：「漢字『多聞』一詞，是梵文Bahuśruta一語翻譯的，巴利文寫作Bahusruta。這一詞語由Bahu（義為『多、廣、博』等），加上Sruta（義為『聞說、聽取』之意）二字組合。這一詞的意義一般認為是『多聞』（heard much）、『廣知』（Well informed）、『博學』（of wide learning）。」「巴利文的注疏家，注『多聞』為『深通經籍（pariyatti）並得智慧（pativedha）』」。

他說：「研究的結果顯示，佛教從開始就重視知識，更重視知行之間的關係。對寡知的修道者則有嚴厲的譴責……。大乘經論則認為多聞可生智慧，但也可能產生學者的傲慢，所以主張智慧與多聞並重的宗教生活。中國佛教對多聞持有兩種態度：一種遵循大乘佛典的指示，力求智慧與多聞之間平衡；另一種為禪宗反智人士的激烈態度，敵視多聞。從這一演變中，我們可以看出佛教的歷史主流，主張以學術及智慧並重，達到解脫目的。只有部分禪者對學術持有拒絕的態度。但是禪宗某些祖師批評的目標，只是『狂學』，而非全部學術。因為禪宗對多聞是只彈不贊，這就造成了一種反智的傾向。這一傾向又因宋明以降，僧人教育水準的普遍下降，禪宗的態度也可能成為某些拒絕宗教學識者的藉口及依據。」

參考：《天目中峰和尚廣錄》之語

又有三法為進道之捷徑：一、智眼明，二、理性通，三、志堅固。

智眼明，則照破世間身心現量境界，一切是非憎愛取捨得失貧富壽夭苦樂等法，皆是夢緣，了無實義，而不起分別。（這

是悟見堅固，心法第一層。）

理性通，則於從上佛祖所說語言名相，至於三教聖賢諸子百家差別法要，會歸一源，不生異見。（這是思想統合，心法第二層。）

志堅固，則從今日，至未來際，不問近遠，若不證決定不休。（這是道心勇猛。）

此三法具，一而缺二三，只成個無事漢。

具二而缺一三，只成個伶俐漢。

具三而缺一二，只成個擔板漢。

當知此道如涉千里之修途。若具一二而缺三，是由九百里而止者。

具一三而缺二，終不免其岐泣。

具二三而缺一，吾知其觸途成滯必矣。

三法全具雖未動足，敢保其與已到家者不相異也，豈待其重問迷津而再搖鞭影乎。

在現代禪來說，一、智眼明，是本地風光第一層心法，可以調伏當下一念而無疑無滯。二、理性通，是第二層心法，統合思想觀念。三、志堅固，是向滅不退轉的動力。

李元松老師在《我有明珠一顆》的〈禪的心法－本地風光〉一文中，也說：「除了人格成熟與否，以及是否具備膽識氣魄，會影響悟境退或不退之外，是否通達教理哲學，也會影響一個人的悟境能否維持在穩定狀況。悟前倘對於大小顯密的教理已經頗為通達，悟後也較不會退轉，即使偶爾退轉，也會因憶起讀

過的經論，很快地又回到悟境之中。所以研究教理哲學，對修行也是有幫助的。」

所以期勉同修，特別是有志於菩薩行的，不要排拒多聞。不要譏笑研究教理的人是「入海算沙徒自困」。

而學習做一個禪修的指導者，多聞，也就是中峰和尚所說的「理性通」是不可少的。

（2）「見諦」，指的是預流果以上的聖者。

《雜阿含經》：「聖弟子具足見諦，得無間等果，若凡俗邪見、身見根本、身見集、身見生、身見起；謂憂慼隱覆，慶吉保惜，說我、說眾生、說奇特矜舉。如是眾邪，悉皆除滅，斷除根本，如折多羅樹，於未來世更不復生。」簡單來說，就是在知見上知我相虛妄，斷除我相，而能對於「道如何修」，沒有戒禁取見，也沒有疑惑。

李老師有〈修行應以悟道、淨法眼為期〉一文。

略云：「現代人若有志當生證得道果，應暫時傾全力以悟道、見道，證得法眼清淨為期，難度則稍減；因為要證得法眼清淨位所需要的禪定力只要『初禪』或『未到地定』就可以了（少數的情形是，比未到地定略低的『止心』，倘其他條件特強的話也可以悟道）。接著，他應傾全力誦讀、吟詠演述五蘊無我、諸法畢竟空的《阿含經》、《般若經》，進而思惟、觀察一切色、一切受、一切想、一切行、一切識苦、空、無常、無我的現象事實……那麼佛陀本懷、祖師密意，對他必然不會一直是抽象、高不可及的聖境。

「而倘若行者依止心修空觀，仍然不得入處，那麼如果他

兼具潔淨的人品德行，且逢遇明眼善知識的話，則必然會受善知識呵護，輕輕點撥，當不難立證道果，自知自覺自作證：疑惑、邪見永斷無餘。從此參預聖流。」（2000.03.31）

李老師的這句話，和《六祖壇經》所說的兩條路徑是一樣的：「若大乘人，若最上乘人，聞說《金剛經》，心開悟解。」「善知識！菩提般若之智，世人本自有之；只緣心迷，不能自悟，須假大善知識，示導見性。」

因此，學習做一個禪修的指導者，見諦，也就是中峰和尚所說的「智眼明」是不可少的。

（3）善說

《長阿含經》說：「善解第一義，說道無垢穢；慈仁決眾疑，是爲善說道。」

這是本地風光第五層心法，援引本地風光開展大機大用。如經文所說，說法的要訣，在於能夠觀察弟子根基，有同理心，爲他破疑解惑。《六祖壇經》說：「欲擬化他人，自須有方便，勿令彼有疑，即是自性現。」

（4）有慈悲，用現代的話來說，慈是「友善」，悲是「憐憫」。

《大智度論》卷20：「『慈』名愛念眾生，常求安穩樂事以饒益之。『悲』名愍念眾生受五道中種種身苦心苦。」《大智度論》卷27：「大慈與一切眾生樂，大悲拔一切眾生苦。大慈以喜樂因緣與眾生，大悲以離苦因緣與眾生。」

李老師說：「佛法的最深雖在涅槃，但體現涅槃的佛弟

子，其人格最大的特徵，卻在大悲。」「一個修行人的證量，也可從他的悲心來看。有證量的人必然具有悲心，不會對別人無情冷漠的。」

（5）常生歡喜心。

李老師說：「一個方向走對的學佛人，必然是神清氣爽，愈來愈快樂的人。」

「內心的平靜是眞正的快樂。」「淨化身口意、瓦解無明，就是樂定安明愛。」

學習做一個禪修的指導者，要能夠自得其樂，自然能夠常生歡喜心，不捨眾生。

《佛說未曾有正法經》：「諸法皆空，內空、外空，我相、人相悉皆空故，所以常生歡喜心，行布施行。」

二、**所緣圓滿**：這裡特別說明能夠指導修定的「善知識」，他的「善說」的內容，亦即對於修定中所有的情況，都能確切的說明；精通修定中所有的情況，才叫作「善於說法」。也就是說，禪師能夠窮盡而且無誤的說明修定的情況，才稱爲「所緣圓滿」。此論的內容，可說就是對於修定的情況，做窮盡而且無誤的說明。

三、**作意圓滿**：本論對於修定的結論，是「緣內心時，得出世淨」。也就是以「內所緣」，即以「意言所現之境」爲所緣。論文說：「由聽聞而生起的意言，就是聖道和涅槃的直接原因。透過這些意言，修定者所有的作意，都能得到圓滿。」論文

明確指出，其內容就是以「了法無性」爲所緣，也就是以「明白諸法無自性」爲所緣。換言之，是《六祖壇經》所說的「本來無一物，何處惹塵埃」，「外若著相，內心即亂；外若離相，心即不亂。本性自淨自定，只爲見境，思境即亂。若見諸境心不亂者，是眞定也。善知識！外離相即禪，內不亂即定。外禪內定，是爲禪定」。也是《雜阿含經》所說的：「聖弟子住無我想，心離我慢，順得涅槃。」這樣叫做「寂因作意」，以前常譯爲「如理作意」。

按，「如理作意」的巴利語原文爲yonisomanasikāra，名詞，玄奘法師譯作「如理作意」，也譯作「如理思惟」，《雜阿含經》裡譯作「內正思惟」。

Yonisomanasikāra，這個詞是由yoniso和manasikāra組成的複合名詞。

Manasikāra在此論譯爲「作意」，在本論可說是非常重要的一個詞。這個詞，在佛典中有好幾個不同的翻譯，主要就是「作意」和「思惟」。

Manasikāra是由Manasi和kāra組成。Manas是通常釋成「意」，就是「心、意，識」中的「意」。「心爲梵語citta之意譯，即集起之義。意爲梵語manas之意譯，即思量之義。識爲梵語vijñāna之意譯，即了別之義。」俱舍論：「心意識三名所詮，義雖有異，而體是一。」

Kārana是「作爲」的意思。

所以Manasikāra直譯爲「意作」，而寫成「作意」，「思惟」則是比較通俗的譯法。

yoniso一詞源自yoni，代表「子宮」、「基質」或「起源地」。因此，yoniso可以表達「徹底」或「深入」地做某事的意思，即「追根溯源」。梵漢大辭典，yonisas，副詞，根本地、正當地。也就是說，這個詞的意思就是對於聽聞的法義，做根本性的、正確的思惟、抉擇的意思。（呂澂先生說：勘「如理」一詞，梵文作yoniso，但梵文字中，並無「理」字與「寂」字之義）。

玄奘法師譯《阿毘達磨集異門足論》：「四預流支者，一、親近善士，二、聽聞正法，三、如理作意，四、法隨法行。」又云：「云何如理作意？答：於耳所聞、耳識所了無倒法義。耳識所引，令心專注，隨攝、等攝、作意、發意、審正思惟，心警覺性，如是名爲如理作意。云何法隨法行？答：如理作意所引出離，遠離所生諸勝善法，修習堅住無間精勤，如是名爲法隨法行。」

玄奘法師譯《瑜伽師地論》：「有四種證預流支：一、於說法師及教授者，能善承事，無所違犯。二、無倒聽聞師所說法及教授法。三、於所聞法，能正思惟，及善通達。四、成辦所修。」

有趣的是：
佛說三轉法輪經
三藏法師義淨奉　制譯
如是我聞：一時，薄伽梵在婆羅痆斯仙人墮處施鹿林中。
爾時，世尊告五苾芻曰：「汝等苾芻！此苦聖諦，於所聞法如理作意，能生眼智明覺，汝等苾芻！此苦集、苦滅、順苦滅

道聖諦之法，如理作意，能生眼智明覺。……」

可見義淨自己也譯這個詞爲「如理作意」。

同經的異譯：

《雜阿含經》379經

如是我聞：一時，佛住波羅㮈鹿野苑中仙人住處。

爾時，世尊告五比丘：「此苦聖諦，本所未曾聞法，當正思惟。時，生眼、智、明、覺，此苦集、此苦滅、此苦滅道迹聖諦，本所未曾聞法，當正思惟。時，生、眼、智、明、覺。……

《開元釋教錄》卷第九

《六門教授習定論》一卷（無著菩薩本，世親菩薩釋，長安三年（703）十月四日於西明寺譯）

《三轉法輪經》一卷（出《雜阿含經》第十五卷異譯，景龍四年（710）於大薦福寺翻經院譯，沙門玄傘等筆受）

換言之，義淨在譯《六門教授習定論》時，說這個詞應該譯爲「寂因作意」才對，但是七年後，他還是隨大流，譯爲「如理作意」。

此外，關於「一體釋」與「別句釋」。

這是解釋「梵語複合詞」的兩種不同的可能性。

呂澂先生對本論的註釋說：「一體釋（奘譯作「持業釋」），謂寂因作意，即寂滅，即作意。以意言本身是無自性法（即因位寂滅），又是其作意故，此合能緣（作意）所緣（寂因）於一心而言之也。二爲別句釋（奘譯作「依主釋」），謂寂

因作意，意云「寂因之作意」，即析「所緣、能緣」為兩者，而以作意繫屬於寂因也。」但呂先生事實上否定義淨的討論之必要。

別句釋，即「依主釋」，梵語tat-purusa。梵語詞典：他的僕人。限定複合詞。即用前詞限定後詞。「從所依之體，而立能依之法之名也」。

一體釋（奘譯作「持業釋」）Karmadhâraya，梵語詞典：第一字用來形容第二字的複合詞。「此義雖二，而體則一之名也。一體持一用，故名持業釋」。

以「了法無性」明示了「內緣，謂從其意言所現之相為所緣境」的內容，就是如理作意，這就是「作意圓滿」。這才是這裡的重點。

第五門之一：
依於三種定的狀態，修習奢摩他、毘鉢舍那

頌曰：謂尋求意言，此後應細察。意言無即定，靜慮相有三。無異緣無相，心緣字而住，此是心寂處，說名奢摩他。觀彼種種境，名毘鉢舍那，復是一瑜伽，名一二分定。麁重障見障，應知二種定，能為此對治，作長善方便。

釋曰：次明「有依」。諸修定者，必有依託，謂：依三定說尋求等。

言「尋求」者，顯是有尋。既言有尋，准知有伺。

言「細察」者，顯無尋唯伺。

「意言無」者，欲顯無尋無伺。尋伺皆以意言為性。

此據奢摩他法明其定義，說「無異緣」等。此明無差異義。但緣其字而心得住，名無異緣，亦名無相。但緣其字，於觀義相所有作意，非彼相故，此住名「奢摩他」。「奢摩」是寂止義，「他」是處義。非獨奢摩得盡於事，謂據其心寂止之處。，得凝住依止於定。此定即是凝心住處，故名奢摩他，異此便無。

次據毘鉢舍那法明其定義說次一頌，謂依多境名為「眾觀」。所言「彼」者，謂與彼二俱相屬著。即奢摩他及所緣字，

是依奢摩他，得毘鉢舍那，依於字處，所有諸義起諸觀故。於寂止處，所有眾義依仗於字，謂緣眾義而起觀察，名為「眾觀」。

「名一二分定」者，或時但有寂處而無眾觀，或有眾觀而非寂處，或時俱有，應知即是止觀雙運。

又，奢摩他、毘鉢舍那有二種障，謂麁重障及見障，應知二定是此對治，如次應配。

何故此二名「長善方便」？能長善法之方便故。

頌曰：靜慮相有三種，就是「尋求」意言，然後應加以「細察」，「意言」都沒有了就是「定」。

沒有其他的所緣、沒有取相，只是以字為所緣而安住，這就是心的寂止處，稱之為「奢摩他」。

觀察該字的種種境相，叫做「毘鉢舍那」。「毘鉢舍那」和「奢摩他」是同一個瑜伽，可以稱為「同一種」或「兩種」定。

「奢摩他」和「毘鉢舍那」，能夠對治「麁重障」和「見障」，而作為增長善法的方便。

釋曰：接下來說明第五門「有依」。

所謂修定，必然有所依託，也就是依據有沒有「尋求」、「細察」等，而分成三種定。

說第一種定（初靜慮）的所依是「尋求」，顯示這種定有「尋求」；既然有「尋求」，由此可見也有「伺（細察）」。

第二種定（中間定）的所依是「細察」，表明它是沒有「尋求」，而只有「伺（細察）」。

　　第三種定（第二靜慮）的所依是「意言無」，表明它既沒有「尋求」，也沒有「伺（細察）」；因為「尋求」和「細察」同樣都是「意言」。

　　接下來第二個偈頌，是從「奢摩他法」的角度來說明「定」的意義，而說「無異緣」、「無相」、「心緣字而住」。

　　這裡所謂的「無差異」的意思，就是只以其字作為所緣，而心得到安住，這樣叫作「無異緣」；也叫作「無相」。

　　只以其字作所緣，而沒有觀察義相。這樣的住心叫作「奢摩他」。

　　「奢摩」是「寂止」的意思；「他」是「處」的意思。住心不是只有「奢摩」（寂止）就表達完全了，也就是說，依止於其心寂止之處，心才得以凝定而住。依止於定，這所依的定，就是凝心安住之處，所以叫作「奢摩他」（寂止處），如果不依止於此，就不會有住心。

　　下一個偈頌，是從「毘鉢舍那法」的角度來說明「定」的意義，也就是心依於多個境相時，稱為「眾觀」。

　　「觀彼種種境」的「彼」字，指的是它和「奢摩他」及「所緣字」二者都是相互屬著的。也就是說，要依於「奢摩他」，才能得「毘鉢舍那」；要依於所緣字的所有諸義，才能起各種觀察。也就是說，是在心的寂止處，而所有眾義都須依仗於字，以眾義為對象而起的觀察叫作「眾觀」。

　　「名一二分定」是說，在住心的狀態下，有時候是只有「寂止處」而沒有「眾觀」，有時候則是有「眾觀」而非「寂止處」，有時候是「寂止處」和「眾觀」兩者俱有，這就是「止觀雙運」。

下一個偈頌是說，奢摩他、毘鉢舍那有二種障，也就是麁重障和見障。要知道奢摩他對治麁重障，而毘鉢舍那對治見障。

為什麼偈頌中說，奢摩他、毘鉢舍那二者叫作「長善方便」？因為它們是能夠增長善法的方便。

釋義：

這段有兩個主題，一是說明「定」有三種狀態：一、有尋有伺定，二、無尋唯伺定，三、無尋無伺定。

二是說是「定」有兩種狀態：「奢摩他」和「毘鉢舍那」。

（一）

依據「尋vitarka、伺vicāra」的無有，有三種「三摩地Samādhi」。

梵漢大辭典：

Vitarka，推測、想像（普通之意）、懷疑、考慮、深思。

Vicāra，反省、深思、識別、調查、研究、檢討。

Samādhi，令與結合或組合的，結合、組合、連結、注意、熱衷於、深邃冥想、專注於。

《佛說大集法門經》云：「三三摩地，是佛所說。謂有尋有伺三摩地、無尋唯伺三摩地、無尋無伺三摩地。」「復次，四禪定，是佛所說。謂若苾芻，已能離諸欲不善法，有尋有伺，此名第一離生喜樂定；若復苾芻，止息尋伺，內心清淨，安住一想，無尋無伺，此名第二定生喜樂定；若復苾芻，不貪於喜，住

於捨行，身得輕安妙樂，此名第三離喜妙樂定；若復苾芻，斷除樂想，亦無苦想，無悅意，無惱意，無苦無樂，此名第四捨念清淨定。如是等名爲四禪定。」這是定境的狀態的分別，及其具體狀態的說明，都是從原始佛教就有的。

「尋伺」也有譯爲「覺觀」的，如《長阿含經》云：「比丘除欲、惡不善法，有覺、有觀，離生喜、樂，入於初禪。滅有覺、觀，內信、一心，無覺、無觀，定生喜、樂，入第二禪。離喜修捨、念、進，自知身樂，諸聖所求，憶念、捨、樂，入第三禪。離苦、樂行，先滅憂、喜、不苦不樂、捨、念、清淨，入第四禪。」

據此，「有尋有伺三摩地」就是「初禪」，而「第二、三、四禪」都是「無尋無伺三摩地」，在這中間還有一個「無尋有伺三摩地」稱之爲「中間禪」。可見這是兩種詳略不同的分類法的呈現。

《大智度論》卷23，有一段說明三三昧。

【經】「三三昧：有覺有觀三昧，無覺有觀三昧，無覺無觀三昧。」

【論】一切禪定攝心，皆名爲「三摩提」，秦言「正心行處」。是心從無始世界來，常曲不端，得是正心行處，心則端直；譬如蛇行常曲，入竹筒中則直。是三昧三種。

欲界未到地、初禪，與覺觀相應故，名「有覺有觀」；二禪中間但觀相應故，名「無覺有觀」；從第二禪乃至有頂地，非覺觀相應故，名「無覺無觀」。

問曰：三昧相應心數法，乃至二十，何以故但說「覺」、

「觀」？

答曰：

是覺觀嬈亂三昧，以是故說。是二事雖善，而是三昧賊，難可捨離。

有人言：心有覺觀者無三昧，以是故，佛說有覺有觀三昧，但不牢固；覺觀力微小，是時可得有三昧。是覺觀能生三昧，亦能壞三昧；譬如風能生雨，亦能壞雨。三種善覺觀，能生初禪，得初禪時發大歡喜，覺觀故心散還失；以是故但說「覺」、「觀」。

問曰：覺、觀有何差別？

答曰：麁心相名「覺」，細心相名「觀」；初緣中心發相名「覺」，後分別籌量好醜名「觀」。

有三種麁覺：欲覺，瞋覺，惱覺。

有三種善覺：出要覺，無瞋覺，無惱覺。

有三種細覺：親里覺，國土覺，不死覺。

六種覺妨三昧，三種善覺能開三昧門。

若覺觀過多，還失三昧；如風能使船，風過則壞船。

如是種種分別「覺」、「觀」。

朱倍賢的〈初禪中的「尋」與「伺」〉一文提到：「『尋』，就是一種思考、內心的導向於某種意境。」「故意想那些會激勵自己的主題叫『尋』。當心能夠評估修這個主題所帶來的利益，以及它的有限性是什麼叫『伺』。根據原始經典的講法：『尋』就是刻意產生念頭和意向，『伺』就是評估。」這和《大智度論》所說的：「初緣中心發相名『覺』，後分別籌量好

醜名『觀』。」是相符的。

關於從尋伺到尋伺止息的二禪，如《雜阿含經》615經所說：

佛告阿難：「善哉！善哉！應如是學四念處，善繫心住，知前後昇降，所以者何？心於外求，然後制令求其心，散亂心不解脫，皆如實知。

若比丘於身身觀念住，於彼身身觀念住已，若身揣睡，心法懈怠，彼比丘當起淨信，取於淨相，起淨信心（此即是「尋求」）。憶念淨相已，其心則悅；悅已，生喜；其心喜已，身則猗息；身猗息已，則受身樂；受身樂已，其心則定（這即是「伺察」），心定者，聖弟子當作是學：『我於此義外散之心攝令休息，不起覺想及已觀想，無覺、無觀，捨念樂住；樂住已，如實知。』受、心、法念，亦如是說。」

由此可以看到，這是由發起善尋、然後評估自己的心平定的狀態之後，令心休息，不起尋伺，而入「無尋無伺三摩地」。

《雜阿含經》501有一個有趣的記載：

爾時，尊者大目揵連告諸比丘：「一時，世尊住王舍城迦蘭陀竹園。我於此耆闍崛山中住。我獨一靜處，作如是念：『云何為聖默然？』復作是念：『若有比丘息有覺有觀，內淨一心，無覺無觀三昧生喜樂，第二禪具足住，是名聖默然。』復作是念：『我今亦當聖默然，息有覺有觀，內淨一心，無覺無觀三昧生喜樂，具足住多住』。多住已，復有覺有觀心起。爾時，世尊知我心念，於竹園精舍沒，於耆闍崛山中現於我前，語我言：

『目揵連！汝當聖默然，莫生放逸。』我聞世尊說已，即復離有覺有觀，內淨一心，無覺無觀三昧生喜樂，第二禪具足住。如是再三，佛亦再三教我：『汝當聖默然，莫放逸。』我即復息有覺有觀，內淨一心，無覺無觀三昧生喜樂，第三禪具足住。」

這裡描述的是從「有覺有觀三昧」和「無覺無觀三昧」之間的往復的進退轉換。

（二）

「定」有兩種狀態：「奢摩他」和「毘鉢舍那」。

奢摩他śamatha，一般譯為「止」，本論譯為「寂止處」。毗婆舍那vipaśyanā，一般譯為「觀」，本論譯為「眾觀」。

無異緣、無相、所緣境只是一個字，心寂然不動的狀態，稱為「奢摩他」。觀所緣境的種種境相，稱為「毘鉢舍那」。然後本論強調「止與觀」「復是一瑜伽，名一二分定。」

「瑜伽（yoga）」在梵語中是「相應」、「契合」的意思。就佛教而言，凡屬止觀，達到身心、心境或理智相應的練習，稱為「瑜伽」。佛教敘述修行次第的論著：《修行道地經》（「榆迦遮復彌」）、《修行方便禪經》（庾伽遮羅浮迷）及《瑜伽師地論》（Yogācārabhūmi）用的都是「瑜伽（yoga）」這個詞。

所以嚴格來說，所謂「修行」，就是「瑜伽（yoga）」，就是修習止與觀。

《雜阿含經》464經：

爾時，尊者阿難往詣上座上座名者所，詣已，恭敬問訊，問訊已，退坐一面，問上座上座名者言：「若比丘於空處、樹下、閑房思惟，當以何法專精思惟？」

上座答言：「尊者阿難！於空處、樹下、閑房思惟者，當以二法專精思惟，所謂止、觀。」

尊者阿難復問上座：「修習於止，多修習已，當何所成，修習於觀，多修習已，當何所成？」

上座答言：「尊者阿難！修習於止，終成於觀，修習觀已，亦成於止。謂聖弟子止、觀俱修，得諸解脫界。」

阿難復問上座：「云何諸解脫界？」

上座答言：「尊者阿難！若斷界、無欲界、滅界，是名諸解脫界。」

尊者阿難復問上座：「云何斷界？乃至滅界？」

上座答言：「尊者阿難！斷一切行，是名斷界；斷除愛欲，是無欲界，一切行滅，是名滅界。」

這段經文可以看出，止與觀是交互促進的，而其結果是使人達到解脫。本論說：「或時但有寂處而無眾觀，或有眾觀而非寂處，或時俱有，應知即是止觀雙運。」換言之，止與觀，寂止與眾觀，是可以交替變換的，有時止，有時是觀，有時止觀俱有，稱之為止觀雙運。

綜合前二段的定義，可以看出，聖默然的無尋無伺三摩地，是「奢摩他」的意味，而「毘鉢舍那」則是有尋有伺三摩地。

本論這樣的分法，重點在於點出，修行是有止有觀。並且指出二者的作用不同。「奢摩他」對治「麁重障」，而「毘鉢舍那」對治「見障」。

《顯揚聖教論》：「輕安者，謂遠離麁重，身心調暢為

體，斷麤重障爲業。」

《諸法集要經》：「邪見障諸善，不應起少分。如是愚癡人，自投險惡道。謂起邪見者，非因而計因，彼爲自欺誑，沈淪無出期。若人著邪見，徒修其苦行，誑惑於他人，愚癡生我慢。由愚癡黑暗，溺生死大海，是人無正因，以苦欲捨苦。隨彼外道說，炙身求出離，智者令炙心，則能燒諸惑。若具修正智，能破諸煩惱，是名眞丈夫，得離諸苦際。」

「奢摩他」，心在寂止處，得輕安，常得安樂，可以從情意上轉化我執。本論說：「麤重心散亂者，有二我執令其心亂。於修定時有此二事，謂益及損。若身安隱名之爲益，身體羸弱即是其損。或云我今得樂，或云我今有苦，或云是我之樂，或云是我之苦。此中我者，是執取義。」

「毘鉢舍那」是如理思惟，離諸邪見，可以從知見上使邪見、我見永斷無餘。

知性上和情意上的斷除煩惱是互相促進的。這使我想起上師所說的：「具體的說，修行要把握輕鬆、悠閒、自然、快樂的原則，這樣才容易跟解脫相應，但心卻要跟苦、空、無常、無我的人生觀牢牢綁在一起。」一方面是正思惟相應，一方面是輕安相應。這兩者配合起來，善法增長。下一段詳細說明它的具體方法。

《雜阿含經》：「聖弟子住無我想，心離我慢，順得涅槃。」

《密勒日巴歌集》：「於無生境不動搖，地道障礙自然消，機用法爾得圓滿，事上能興大悲力，理上法爾自圓成。」

第五門之二：
為什麼這樣可以得到身心清淨？

云何令方便法得善清淨耶？

頌曰：此清淨應知，謂修三種相，寂止策舉捨，隨次第應知。若心沈恐沒，於妙事起緣。若掉恐舉生，厭背令除滅，遠離於沈掉，其心住於捨，無功任運流，恒修三種相。定者修三相，不獨偏修一，為遮沈等失，復為淨其心。

釋曰：為答前問，求淨定者修三種相。云何為三？謂：止、舉、捨。

復云何修？隨次第應知。隨其惑障生起之時，應次修習。

在於何時復修何相？且辯策舉相，若心沈恐沒，定者修三相，如下當知。

若心沈沒可修策舉相。何者是耶？於妙事起緣，令心喜為相。

又，寂止相者，若心掉舉，或恐掉舉，應修寂處。此云何修厭背令除滅？於所緣境極生厭惡，於自內心令過止息。

捨相者，謂離沈掉。於何心中？謂心住捨。此捨相者，即是無功任運流，恒修三種相。

如是次第修三相時，諸習定者得清淨相。

又奢摩他等即是定者，於此三相不獨修一。何以故？為遮沈等失，復為淨其心。若但修止內心沈沒，既沈沒時便應策舉。若因策舉心掉散者，觀不淨境，令生厭離。於此捨相正修習時，名為正定，能盡有漏。由此遂令心極清淨。

應知此中皆是隨順正經文句，如理應思。

為什麼它們是能夠增長善法，令得清淨的方便？

頌曰：所謂的清淨，要知道是由於在適當的情況下，修「寂止」、「策舉」和「捨（平等）」三種相。

如果心太沈，為了避免失去覺察，就可以妙事做為所緣，修「策舉」；如果心太活躍，為了避免散亂。就可以厭背來使它除滅。

遠離昏沈和掉舉，使其心住於平等，不加作意使它任運而流，如此恆修三種相。

修定的人這樣修三相，他不會只修其中一種。其目的是為了遮除昏沈和掉舉的過失，也是為使其心清淨。

釋曰：這個問題的答案是，因為求清淨禪定的人，修習三種相。哪三種？就是寂止相、策舉相和捨（平等）相。

而這三種相要怎樣修習呢？「隨次第應知」，就是隨其不同的惑障生起之時，知道在什麼時候，修習什麼相。譬如修「策舉相」的時機，就是「若心沈恐沒」。修定的人修習三相，可以類推。

如果心沈沒時，可以修「策舉相」。這是什麼？就是以妙好的事物為所緣，使心產生欣喜。

又，修「寂止相」的時機，是心掉舉，或者為了防止掉

舉，就應修「寂止相」。怎麼修呢？就是「厭背令除滅」，也就是對於所緣境產生非常厭惡的心，而使自己內心的過失止息下來。

「捨（平等）相」就是既沒有昏沈，也沒有掉舉。怎樣的心，可以叫作「心住於捨相」？這裡所說的「捨相」，就是「無功任運流，恒修三種相」。

根據前述的次第修習三相時，習定的人可以得到心的清淨相。

又，「奢摩他」、「毘鉢舍那」就是修定的人，在寂止、策舉和捨等三相中，不會只修其中一相。為什麼呢？它的原因就是「為遮沈等失，復為淨其心」。即如果只是修止（奢摩他），內心沈沒。到了沈沒的狀態，就應該策舉。如果因為策舉，而導致心掉舉、散亂的話，就應觀不淨之境，使心生厭離而得寂止。修習捨相的時候，就叫作「正定」，它能除盡有漏煩惱，而使得心非常的清淨。

要知道，以上說的，都是依據經典的文句而說的，應當如理的思維。

釋義：

本段的意思說得很明白。這裡要補充的是：

本段所依據的經典就是《雜阿含經》1247：

如是我聞：一時，佛住王舍城迦蘭陀竹園。

爾時，世尊告諸比丘：「應當專心方便，隨時思惟三相。云何為三？隨時思惟止相，隨時思惟舉相，隨時思惟捨相。

「若比丘一向思惟止相，則於是處其心下劣。若復一向思

惟舉相，則於是處掉亂心起，若復一向思惟捨相，則於是處不得正定，盡諸有漏。以彼比丘隨時思惟止相，隨時思惟舉相，隨時思惟捨相故，心則正定，盡諸有漏。

「如巧金師、金師弟子以生金著於爐中增火，隨時扇韛，隨時水灑，隨時俱捨。若一向鼓韛者，即於是處生金焦盡。一向水灑，則於是處，生金堅強。若一向俱捨，則於是處生金不熟，則無所用。是故，巧金師、金師弟子於彼生金隨時鼓韛，隨時水灑，隨時兩捨。如是生金，得等調適，隨事所用。如是，比丘！專心方便，時時思惟，憶念三相，乃至漏盡。」

佛說是經已，諸比丘聞佛所說，歡喜奉行。

又可參考以下談到七覺支的修法的經文。也是談到在什麼情況下修什麼法。

《雜阿含經》709：

如是我聞：一時，佛住舍衛國祇樹給孤獨園。「若比丘專一其心，側聽正法，能斷五法，修習七法，令其轉進滿足。何等為斷五法？謂貪欲蓋，瞋恚蓋，睡眠蓋，掉悔蓋，疑蓋，是名五法斷。何等修習七法？謂念覺支，擇法覺支，精進覺支，猗覺支，喜覺支，定覺支，捨覺支，修此七法，轉進滿足」。佛說此經已，諸比丘聞佛所說，歡喜奉行。

《雜阿含經》715：

如是我聞：一時，佛住舍衛國祇樹給孤獨園。

爾時，世尊告諸比丘：「有五蓋、七覺分，有食、無食，我今當說。諦聽，善思，當為汝說。譬如身依食而立，非不食。

如是五蓋依於食而立，非不食。

「貪欲蓋以何為食？謂觸相，於彼不正思惟，未起貪欲令起，已起貪欲能令增廣，是名欲愛蓋之食。

「何等為瞋恚蓋食？謂障礙相，於彼不正思惟，未起瞋恚蓋令起，已起瞋恚蓋能令增廣，是名瞋恚蓋食。

「何等為睡眠蓋食？有五法。何等為五？微弱、不樂、欠呿、多食、懈怠，於彼不正思惟，未起睡眠蓋令起，已起睡眠蓋能令增廣，是名睡眠蓋食。

「何等為掉悔蓋食？有四法。何等為四？謂親屬覺、人眾覺、天覺、本所經娛樂覺。自憶念、他人令憶念而生覺，於彼起不正思惟，未起掉悔令起，已起掉悔令其增廣，是名掉悔蓋食。

「何等為疑蓋食？有三世。何等為三？謂過去世、未來世、現在世。於過去世猶豫、未來世猶豫、現在世猶豫，於彼起不正思惟，未起疑蓋令起，已起疑蓋能令增廣，是名疑蓋食。

「譬如身依於食而得長養，非不食。如是七覺分依食而住，依食長養，非不食。

「何等為念覺分不食？謂四念處不思惟，未起念覺分不起，已起念覺分令退，是名念覺分不食。

「何等為擇法覺分不食？謂於善法撰擇，於不善法撰擇，於彼不思惟，未起擇法覺分令不起，已起擇法覺分令退，是名擇法覺分不食。

「何等為精進覺分不食？謂四正斷，於彼不思惟，未起精進覺分令不起，已起精進覺分令退，是名精進覺分不食。

「何等為喜覺分不食？有喜，有喜處法，於彼不思惟，未起喜覺分不起，已起喜覺分令退，是名喜覺分不食。

「何等為猗覺分不食？有身猗息及心猗息，於彼不思惟，未生猗覺分不起，已生猗覺分令退，是名猗覺分不食。

「何等為定覺分不食？有四禪，於彼不思惟，未起定覺分不起，已起定覺分令退，是名定覺分不食。

「何等為捨覺分不食？有三界，謂斷界、無欲界、滅界，於彼不思惟，未起捨覺分不起，已起捨覺分令退，是名捨覺分不食。

「何等為欲蓋不食？謂不淨觀，於彼思惟，未起貪欲蓋不起，已起貪欲蓋令斷，是名貪欲蓋不食。

「何等為瞋恚蓋不食？彼慈心思惟，未生瞋恚蓋不起，已生瞋恚蓋令滅，是名瞋恚蓋不食。

「何等為睡眠蓋不食？彼明照思惟，未生睡眠蓋不起，已生睡眠蓋令滅，是名睡眠蓋不食。

「何等為掉悔蓋不食？彼寂止思惟，未生掉悔蓋不起，已生掉悔蓋令滅，是名掉悔蓋不食。

「何等為疑蓋不食？彼緣起法思惟，未生疑蓋不起，已生疑蓋令滅，是名疑蓋不食。

「譬如身依食而住、依食而立；如是七覺分依食而住、依食而立。

「何等為念覺分食？謂四念處思惟已，未生念覺分令起，已生念覺分轉生令增廣，是名念覺分食。

「何等為擇法覺分食？有擇善法，有擇不善法，彼思惟已，未生擇法覺分令起，已生擇法覺分重生令增廣，是名擇法覺分食。

「何等為精進覺分食？彼四正斷思惟，未生精進覺分令

起，已生精進覺分重生令增廣，是名精進覺分食。

「何等為喜覺分食？有喜，有喜處，彼思惟，未生喜覺分令起，已生喜覺分重生令增廣，是名喜覺分食。

「何等為猗覺分食，有身猗息、心猗息思惟，未生猗覺分令起，已生猗覺分重生令增廣，是名猗覺分食。

「何等為定覺分食？謂有四禪思惟，未生定覺分令生起，已生定覺分重生令增廣，是名定覺分食。

「何等為捨覺分食？有三界。何等三？謂斷界、無欲界、滅界。彼思惟，未生捨覺分令起，已生捨覺分重生令增廣，是名捨覺分食。」

佛說此經已，諸比丘聞佛所說，歡喜奉行。

《雜阿含經》714：

諸比丘！若爾時其心微劣，其心猶豫者，不應修猗覺分、定覺分、捨覺分。所以者何？微劣心生，微劣猶豫，以此諸法增其微劣故。譬如小火，欲令其燃，增以燋炭，云何比丘！非為增炭令火滅耶？比丘白佛：「如是，世尊」！「如是比丘！微劣、猶豫，若修猗覺分、定覺分、捨覺分者，此則非時，增懈怠故。若掉心起，若掉心、猶豫，爾時不應修擇法覺分、精進覺分、喜覺分。所以者何？掉心起，掉心、猶豫，以此諸法，能令其增。譬如熾火，欲令其滅，足其乾薪，於意云何？豈不令火增熾燃耶」？比丘白佛；「如是，世尊」！佛告比丘：「如是掉心生，掉心、猶豫，修擇法覺分、精進覺分、喜覺分，增其掉心。諸比丘！若微劣心生，微劣、猶豫，是時應修擇法覺分，精進覺分，喜覺分。所以者何？微劣心生，微劣、猶豫，以此諸法示教、照

喜。譬如小火，欲令其燃，足其乾薪，云何比丘！此火寧熾燃不」？比丘白佛：「如是世尊」！佛告比丘；「如是微劣心生，微劣、猶豫，當於爾時修擇法覺分、精進覺分、喜覺分，示教、照喜。若掉心生，掉心、猶豫，修猗覺分、定覺分、捨覺分。所以者何？掉心生，掉心、猶豫，此等諸法，能令內住一心攝持。譬如燃火，欲令其滅，足其燋炭，彼火則滅。如是比丘！（掉心生），掉心猶豫，修擇法覺分，精進、喜（覺分），則非時；修猗、定、捨覺分，自此則是時。此等諸法，內住一心攝持。念覺分者，一切兼助。」

第五門之三：身心清淨的內容

頌曰：出離并愛樂，正住有堪能。此障惑皆除，定者心清淨。

釋曰：此明清淨之益，依《去塵經》說。佛告諸苾芻：若人欲求內心淨，時有惑障現前，不能除滅。欲斷除者，先於不善業道，勿造大過，息罪惡見，而求出家，希求出離。若處中煩惱欲瞋害意，起惡尋思障勝愛樂，能除此障說「愛樂」言。若有微細眷屬尋思、世間尋思、不死尋思障其正住。對治此故，說「正住」言。若有功用方入定者，此定即非堪任之性。若能除此顯「有堪任」。能除於惑，說「堪能」言。此顯淨定之人得四種勝益。

頌曰：出離煩惱、愛樂殊勝法，正住於定、堪能於定，這些方面的障惑都已除去，因此修定者心得清淨。

釋曰：這個偈頌說明的是心得清淨的利益是什麼。

依《去塵經》所說的，佛告訴比丘們，如果有人想要求得內心清淨，但卻經常有煩惱障礙現前，不能除滅。

決定斷除煩惱的人，首先要持戒，在不善業道（殺生、偷盜、邪淫、妄語等性戒）方面，不要犯大罪過，停止邪見，而求出家，希求出離煩惱。

如果心中有煩惱、貪欲、瞋恚、害意等等三種惡尋思，是

會障礙對於殊勝法的愛樂之心；能夠除去這些煩惱障礙，轉為三善尋思，所以叫作「愛樂」。。

如果有微細的煩惱，像是眷屬尋思、世間尋思、不死尋思等等，會障礙其心的正住；能夠對治這些微細的煩惱，因此叫作「正住」。

如果必須使勁才能夠入定的人，這樣的定就不是他真正能夠勝任的狀態；能夠免除這種狀態，就代表他是堪能入定的人；能夠除去這樣的煩惱，因此叫作「堪能」

這個偈頌表達的是得到清淨定的人，所得到的四種利益：出離、愛樂、正住、堪能。

釋義：

這裡所說的《去塵經》就是《雜阿含經》1246：

如是我聞：一時，佛住王舍城金師住處。

爾時，世尊告諸比丘：「如鑄金者，積聚沙土，置於槽中，然後以水灌之，麁上煩惱、剛石堅塊隨水而去，猶有麁沙纏結。復以水灌，麁沙隨水流出，然後生金，猶為細沙、黑土之所纏結。復以水灌，細沙、黑土隨水流出，然後真金純淨無雜，猶有似金微垢。然後金師置於爐中，增火鼓韝，令其融液，垢穢悉除，然其生金猶故，不輕、不軟、光明不發，屈伸則斷。彼鍊金師、鍊金弟子復置爐中，增火鼓韝，轉側陶鍊，然後生金輕軟光澤，屈伸不斷，隨意所作釵、鐺、鐶、釧諸莊嚴具。

「如是，淨心進向比丘麁煩惱纏、惡不善業、諸惡邪見漸斷令滅，如彼生金，淘去剛石堅塊。

「復次，淨心進向比丘除次麁垢，欲覺、恚覺、害覺，如

彼生金除麁沙礫。

「復次，淨心進向比丘次除細垢，謂親里覺、人眾覺、生天覺，思惟除滅，如彼生金除去塵垢、細沙、黑土。

「復次，淨心進向比丘有善法覺，思惟除滅，令心清淨，猶如生金除去金色相似之垢，令其純淨。

「復次，比丘於諸三昧有行所持，猶如池水周匝岸持，為法所持，不得寂靜勝妙，不得息樂，盡諸有漏。如彼金師、金師弟子陶鍊生金，除諸垢穢，不輕、不軟、不發光澤，屈伸斷絕，不得隨意成莊嚴具。

「復次，比丘得諸三昧，不為有行所持，得寂靜勝妙，得息樂道，一心一意，盡諸有漏。如鍊金師、鍊金師弟子陶鍊生金，令其輕軟、不斷、光澤，屈伸隨意。

「復次，比丘離諸覺觀，乃至得第二、第三、第四禪。如是正受，純一清淨，離諸煩惱，柔軟真實不動。於彼彼入處，欲求作證悉能得證。如彼金師陶鍊生金，極令輕軟、光澤、不斷，任作何器，隨意所欲。如是，比丘三昧正受，乃至於諸入處悉能得證。」

佛說此經已，時諸比丘聞佛所說，歡喜奉行。

《瑜伽師地論》卷13：對此經也有其解釋如下：

《盪塵經》中，佛世尊言。當如陶鍊生金之法陶鍊其心，乃至廣說。如是等義云何應知？

謂陶鍊生金，略有三種。一、除垢陶鍊，二、攝受陶鍊，三、調柔陶鍊。

除垢陶鍊者，謂從金性中，漸漸除去麁中細垢，乃至惟有

淨金沙在。

攝受陶鍊者，謂即於彼鄭重銷煮。

調柔陶鍊者，謂銷煮已，更細鍊治瑕隙等穢。

如金性內所有生金。種性位中，「心淨行者」當知亦爾，謂堪能證般涅槃者。

問：從何位名「心淨行者」？

答：從「得淨信」、「求出家」位。

此於在家及出家位，有麁中細三種垢穢。

其在家者，由二為障，不令出家。一、不善業，謂常樂安處身語惡行。二、邪惡見，謂撥無世間眞阿羅漢正行正至。此於已得淨信位，前能為障礙。

欲等尋思，障出家者，令其不能心生喜樂。

親等尋思，障憙樂者，令其不能恒修善法。

由斷彼故，恒修善法，速得圓滿純淨之心。

有尋有伺，如淨金沙，是名為心除垢陶鍊，猶如生金仍未銷煮。

若有復能止息尋思，乃至具足安住第四靜慮，是名為心攝受陶鍊。由能攝受無尋無伺三摩地故，猶如生金已被銷煮。

若三摩地不為有行之所拘執，乃至廣說，是名為心調柔陶鍊。於神通法，隨其所欲，能轉變故，如彼生金，已細鍊治瑕隙等穢。

這是把這部經分為三種陶鍊。而本論則是將它分成四種：出離、愛樂、正住、堪能。

（1）出離，就是離「不善業」和「邪惡見」。

（2）愛樂，就是斷除三種惡尋思：欲尋思、恚尋思、害尋思。而生起三種善尋思：出離尋思、不恚尋思、不害尋思。

（3）正住，就是斷除親里尋思、人眾尋思、生天尋思，這些令修行人分心的念頭，而能恆修正法。

（4）堪能，就是已能嫻熟於禪定。克服了入定的障礙。

《瑜伽師地論》對於六種惡尋思的說明：

心懷愛染，攀緣諸欲，起發意言，隨順隨轉，名欲尋思。

心懷憎惡，於他攀緣不饒益相，起發意言，名恚尋思。

心懷損惱，於他攀緣惱亂之相，起發意言，隨順隨轉，名害尋思。

心懷染污，攀緣親戚，起發意言，隨順隨轉，是故說名親里尋思。

心懷染污，攀緣國土，起發意言，隨順隨轉，是故說名國土尋思。

心懷染污，攀緣自義，推託遷延，後時望得，起發意言，隨順隨轉，是故說名不死尋思。

第六門：修定所獲得的世間、出世間果報

云何修定人果：

頌曰：於此定門中，所說正修習，俗定皆明了，亦知出世定。

此頌意顯修習奢摩他、毘鉢舍那者獲現果故。若人能依所說定相修習之時，得諸世間勝果圓滿及出世果，如前已說。

什麼是修定人所得到的果？

頌曰：透過修習這裡所說的修定法門，就能對於世間定、出世間定都能夠明了。

釋曰：這個偈頌的意思在說明修習奢摩他、毘鉢舍那的人所獲的現世果是什麼。如果人能夠依據這裡所說的方法修習，那麼他可以得到的世間殊勝圓滿的果報和出世果，如前面所說過的。

總結

問曰：如上所說欲明何事？

答曰：顯意樂依處，本依及正依，世間定圓滿，并了於出世。

釋曰：略說義周，為會前事故說斯頌。如最初云「求脫者」為顯意樂圓滿，「積集」者依處圓滿，此明有心修定必須依託積集資糧故。「於住勤修習」者，顯本依圓滿。如經中說：「佛告諸苾芻，汝等先當依定能盡有漏，是我所說。」若欲求出生死海者，離於正定無別方便。「得三圓滿」者，顯正依圓滿，明師資承稟決定可依。「有依修定人」者，此顯修習圓滿。諸有智者，如前所說，遠離放逸，正修行時，世間諸定悉皆圓滿，及出世間咸能證悟，顯得果圓滿。

前面所說的，主要說明的是什麼？

頌曰：它說明的是修定的意樂（動機）、憑藉（正見）、本依、正依、世間定和出世間定。

釋曰：為了呼應前面所提的，簡要地作圓滿的總結，所以說這個偈頌。

在開始第一偈頌所說的六門中，第一門「求解脫的人」，說明的是修習禪定的圓滿意樂是尋求解脫。。

第二門「積集」，說明的是依處圓滿；也就是想要修定的

人，必須憑藉積集的資糧是「正見」（聞思修三慧）。

第三門「於住勤修習」，說明的是本依圓滿；也就是如經中所說的：「佛對諸比丘說，你們要先有禪定，就能斷除一切煩惱。」這是我所說的。要脫離生死輪迴的人，依靠的就是正定，除此之外，就沒有其他的途徑了。

第四門「得三圓滿」，說明的是正依圓滿，也就是有資格的老師，是一定可以隨學的。

第五、六門「有依、修定人」，說明的是修習圓滿，也就是有智慧的人，能夠如前面所說的，遠離放逸，而好好的修行時，就能成就各種世間定，而出世間法也全都能夠證悟。這就是得果圓滿。（完）

六門教授習定論

無著菩薩本
世親菩薩釋
三藏法師義淨奉　制譯

今欲利益一切有情令習世定及出世定速能捨離諸煩惱故，述此方便。

頌曰：求脫者積集，於住勤修習，得三圓滿已，有依修定人。

釋曰：此初一頌總標六門。言「求脫者」。謂是求解脫人。「積集」者，謂能積集勝行資糧。「於住勤修習」者，於所緣處令心善住，名之爲定，由不散亂不動搖故。
問：云何修習？謂「得三圓滿已，有依修定人」。圓滿有三：一、師資圓滿，二、所緣圓滿，三、作意圓滿。「有依」謂是三定：一、有尋有伺定，二、無尋唯伺定，三、無尋無伺定。「修定人」者，謂能修習奢摩他、毘鉢舍那。
若人能於解脫起願樂心，復曾積集解脫資糧，心依於定，有師資等三而爲依止有依修習，由習定故，能獲世間諸福，及以殊勝圓滿之果。先作如是安立次第，故名總標。

　　頌曰：於三乘樂脫，名求解脫人。二種障全除，斯名爲解脫。應知執受識，是二障體性。惑種一切種，由能縛二人。已除煩惱障，習氣未蠲除，此謂聲聞乘，餘唯佛能斷。若彼惑雖無，作儀如有惑，是習氣前生，若除便異此。

　　釋曰：此之四頌釋「求解脫者」，謂於聲聞乘等有差別故。於三乘中，心樂解脫，名「求解脫」。

　　云何「解脫」？「二種障全除，斯名爲解脫。」

　　何者是「二障」，除之名解脫？應知「執受識」是二障體性。「識」者即是「阿賴耶識」。「執受」者是依止義，謂是「煩惱」、「所知」二障體性。

　　此復云何？「惑種」即是煩惱障自性，「一切種」即是所知障自性。

　　又，「一切種」者，即是二障種子。「能縛二人」，煩惱障種子能縛聲聞，一切種子能縛菩薩。由與聲聞菩薩爲繫縛故。

　　云何此二解脫差別？謂聲聞人，習氣未除。斷煩惱障而證解脫唯佛世尊能總除故。

　　云何習氣？彼惑雖無，所作形儀如有惑者，是名習氣。此中應言，若惑雖無，令彼作相如有惑者，此言「作儀如有惑」者，即是於因說果名故。「彼」謂聲聞獨覺。未知此是誰之習氣？謂是前生所有串習之事，尚有餘氣，今雖惑盡，所爲相狀似染形儀，名爲習氣。若能除斷與此不同，應云若彼習皆無，不作儀如惑。

頌曰：種植諸善根，無疑、除熱惱，於法流清淨，是名爲積集。能持樂聽法，善除其二見。但聞心喜足，是四事應知。

釋曰：此之二頌釋「積集」義。如經中說「此人先應修習多聞，復聽正法，諸見熱惱已正蠲除，心之蓋纏能正降伏。」依此文義，故說初頌。

云何「積集所有善根」？謂能持正法故。以此爲先，令其信等善法增故。

云何「無疑」？謂樂聽法故。由知法故，已生未生所有疑惑悉能除滅。

云何「除熱惱」？謂除二見故。

「二見」云何？一者欲令他識知見，二者自起高舉見。謂作是念：「如何令他得知我是具德之人？」是則名爲「令他識見」。依此見故，自欲高舉，名「自高見」。此二能令心焦熱故，名爲「熱惱」。

云何「法流清淨」？謂能除遣，但聞法時，心生喜足故。上之「除」字流入於此。

「於法流清淨」者，謂聽法時，心無散亂，相續而流。心清淨故，蓋纏止息。若聽法無厭，更能進思勤修不息，方得名爲法流清淨。

當知此據聞思修位，如次應知。

次有十六頌，釋「於住勤修習」。初一總標，餘是別釋。

頌曰：所緣及自體，差別并作意，心亂住資糧，修定出離果。

言「所緣」者，有其三種：外上及以內，此三所緣生，應知住有三，自體心無亂。

釋曰：言「三種」者，一、外緣，二、上緣，三、內緣。「外緣」謂白骨等觀所現影像，是初學境界。「上緣」謂未至定緣靜等相。「內緣」謂從其意言所現之相為所緣境。

「自體」謂是心無亂相，名之為「住」。

「心無亂者」，於外等處三種緣時，隨其所緣心無動亂。

頌曰：第一住相應，定心者能見，於境無移念，相續是明人。第二住相應，厭離心寂靜，專意無移念，相續是明人。第三住相應，於前境凝住，定意無移念，相續是明人。

釋曰：此之三頌，如其次第配外、上、內。

言「於境無移念」者，謂於餘境心無散亂，故名「無移」。

「相續」者，堅守持心，令不斷絕。

言「明人」者，或因自思，或從他教，於靜慮法而起加行，是謂明人。應知如次是「隨法行」及「隨信行」種性。

言「厭離心寂靜，專意無移念」者，謂於其境生厭離心。前唯觀境，未能生厭。今時專注，心生厭離。而不散動。

「於前境凝住」者，謂於意言所現之境，緣此境時，其心凝定。故云「定意無移念，相續是明人。」

頌曰：堅執及正流，并覆審其意，轉得心歡喜，對治品生時，惑生能息除，加行常無間，能行任運道，不散九應知。

釋曰：於彼住中，差別有九。謂：最初住、正念住、覆審住、後別住、調柔住、寂靜住、降伏住、功用住、任運住。

此等並依《阿笈摩經》，隨句次第而為修習。

若於最初學緣境時，其心堅執，名「最初住」。

次於後時，令其正念流注不斷，名「正念住」。

若依託此，有亂心生，更覆審察，緣境而住，名為「覆審住」。

次於後時，轉得差別，名「後別住」。

次於後時，對治生起，心得自在，生歡喜時，名「調柔住」。

於此喜愛，以無愛心，對治生時，無所愛樂，其心安靜，名「寂靜住」。

次於後時，所有已生未生重障煩惱為降伏故，名「降伏住」。

次於後時，以加行心於所緣境無間隨轉一緣而住，名為「功用住」。

次於後時，於所緣境，心無加行，任運隨流，無間入定，緣串習道，名「任運住」。此之九種心不流散，名之為「住」。應知以此「不散」之言，與「堅執」等皆相配屬。

頌曰：勵力并有隙，有用及無用，此中一六二，四作意應

知。謂外內邪緣、麁重并作意，此亂心有五，與定者相違，於彼住心緣，不靜外散亂，掉沈心味著，內散亂應知。應識邪緣相，謂思親族等，生二種我執，是名麁重亂。見前境分明，分別觀其相，是作意散亂，異斯唯念心。於作意亂中，復有其亂相。於乘及靜慮，初二應除遣。

　　釋曰：應知作意有其四種：一、勵力荷負作意，二、有間荷負作意，三、有功用荷負作意，四、無功用荷負作意。

　　此中，「堅執」不散是勵力荷負作意，初用功力而荷負故。

　　次「正流」等六種不散，是有間荷負作意，中間數有亂心起故。

　　無間加行，是有功用行荷負作意。

　　入串習道，是無功用行荷負作意。

　　如是攝已，謂「一六二」，應知即是四種作意。

　　又，心散亂有其五種：一、外心散亂，二、內心散亂，三、邪緣心散亂，四、麁重心散亂，五、作意心散亂。

　　外心散亂者，於住心境起緣之時，遂緣餘事心流散故。

　　內心散亂者，謂掉舉等三於所緣境中間亂起故。

　　邪緣散亂者，於修定時諸有尋求親識等事而生顧戀。

　　麁重心散亂者，有二我執令其心亂。於修定時有此二事，謂益及損。若身安隱名之為益，身體羸弱即是其損。或云「我今得樂」，或云「我今有苦」，或云「是我之樂」，或云「是我之苦」。此中「我」者，是執取義。

　　言作意心散亂者，有其三種。於所緣相分明而住，是思察

性。或從此乘更趣餘乘，或從此定更趣餘定，謂極分別思察定時，遂使心亂名心散亂。「異斯唯念心」者，此能對治初作意散亂。由不分別而緣於境，但有念心。此明成就心不忘念。此三散亂，初二應捨。第三由是從定趣定，希勝上故亦非是過。

頌曰：住戒戒清淨，是資糧住處，善護諸根等，四淨因應知。正行於境界，與所依相扶，於善事勤修，能除諸過失。最初得作意，次得世間淨，更增出世住，三定招三界。

釋曰：「住資糧」者，謂戒即是無邊功德所依止處。必先住戒，戒行清淨無有缺犯。若求戒淨，有四種因：一、善護諸根，二、飲食知量，三、初夜後夜能自警覺與定相應，四、於四威儀中正念而住。

何故善護諸根等令戒清淨？由正行於境，與所依相扶。善事勤修，能除於過。初因即是於所行境行清淨故。二、於所依身共相扶順，於受飲食離多少故。三、於善事發起精勤故。四、能除過失，進止威儀，善用心故。由此四因，戒得清淨，如是應知。

由三種定得三出離：緣外境時得作意住，緣上境時得世清淨，緣內心時得出世淨。住者即是永得出離，必趣涅槃更不退轉。已釋於住勤修習。

頌曰：多聞及見諦，善說有慈悲，常生歡喜心，此人堪教定。盡其所有事，如所有而說，善解所知境，斯名善教人。聞生意言，說為寂滅因，名寂因作意，是謂善圓滿。

釋曰：圓滿有三：一、師資圓滿，二、所緣圓滿，三、作意圓滿。

此中初頌說「師資圓滿」，意顯其人善教圓滿、證悟圓滿、善語圓滿、無染心圓滿、相續說法加行圓滿。此顯教授師眾德圓滿，由此師故，得聞正法，有所證悟。

次明「所緣圓滿」說第二頌。盡所有事，如事而說，善所知境，名爲「善說」。此明師資能說諸事窮盡無怯，故名所緣圓滿。

次明「作意圓滿」說第三頌。此顯以聞爲因，所起意言，能與聖道、涅槃爲正因故。緣此意言，所有作意皆得圓滿。此中因言顯聞，即是意言之因。言「寂滅」者，即是涅槃及以道諦，自體寂滅及能趣滅故。總言之「寂因作意」者，明此作意緣寂滅因。何謂所緣？了法無性。如是緣時，即是其因，亦是寂滅故。此作意名爲寂因，是一體釋。又，緣此作意亦名寂因，此別句釋。（准如是釋，應云「寂因作意」。舊云「如理作意」者，非正翻也）。

頌曰：謂尋求意言，此後應細察。意言無即定，靜慮相有三。無異緣無相，心緣字而住，此是心寂處，說名奢摩他。觀彼種種境，名毘鉢舍那，復是一瑜伽，名一二分定。麁重障見障，應知二種定，能爲此對治，作長善方便。

釋曰：次明「有依」。諸修定者，必有依託，謂：依三定說尋求等。

言「尋求」者，顯是有尋。既言有尋，准知有伺。

言「細察」者，顯無尋唯伺。

「意言無」者，欲顯無尋無伺。尋伺皆以意言爲性。

此據奢摩他法明其定義，說「無異緣」等。此明無差異義。但緣其字而心得住，名無異緣，亦名無相。但緣其字，於觀義相所有作意，非彼相故，此住名「奢摩他」。「奢摩」是寂止義，「他」是處義。非獨奢摩得盡於事，謂據其心寂止之處。，得凝住依止於定。此定即是凝心住處，故名奢摩他，異此便無。

次據毘鉢舍那法明其定義說次一頌，謂依多境名爲「眾觀」。所言「彼」者，謂與彼二俱相屬著。即奢摩他及所緣字，是依奢摩他，得毘鉢舍那，依於字處，所有諸義起諸觀故。於寂止處，所有眾義依仗於字，謂緣眾義而起觀察，名爲「眾觀」。

「名一二分定」者，或時但有寂處而無眾觀，或有眾觀而非寂處，或時俱有，應知即是止觀雙運。

又，奢摩他、毘鉢舍那有二種障，謂麁重障及見障，應知二定是此對治，如次應配。

何故此二名「長善方便」？能長善法之方便故。

云何令方便法得善清淨耶？

頌曰：此清淨應知，謂修三種相，寂止策舉捨，隨次第應知。若心沈恐沒，於妙事起緣。若掉恐舉生，厭背令除滅，遠離於沈掉，其心住於捨，無功任運流，恒修三種相。定者修三相，不獨偏修一，爲遮沈等失，復爲淨其心。

釋曰：爲答前問，求淨定者修三種相。云何爲三？謂：

123

止、舉、捨。

復云何修？隨次第應知。隨其惑障生起之時，應次修習。

在於何時復修何相？且辯策舉相，若心沈恐沒，定者修三相，如下當知。

若心沈沒可修策舉相。何者是耶？於妙事起緣，令心喜爲相。

又，寂止相者，若心掉舉，或恐掉舉，應修寂處。此云何修厭背令除滅？於所緣境極生厭惡，於自內心令過止息。

捨相者，謂離沈掉。於何心中？謂心住捨。此捨相者，即是無功任運流恒修三種相。

如是次第修三相時，諸習定者得清淨相。

又奢摩他等即是定者，於此三相不獨修一。何以故？爲遮沈等失，復爲淨其心。若但修止內心沈沒，既沈沒時便應策舉。若因策舉心掉散者，觀不淨境，令生厭離。於此捨相正修習時，名爲正定，能盡有漏。由此遂令心極清淨。

應知此中皆是隨順正經文句，如理應思。

頌曰：出離并愛樂，正住有堪能。此障惑皆除，定者心清淨。

釋曰：此明清淨之益，依《去塵經》說。佛告諸苾芻：若人欲求內心淨，時有惑障現前，不能除滅。欲斷除者，先於不善業道，勿造大過，息罪惡見，而求出家，希求出離。若處中煩惱欲瞋害意，起惡尋思障勝愛樂，能除此障說「愛樂」言。若有微細眷屬尋思、世間尋思、不死尋思障其正住。對治此故，說「正

住」言。若有功用方入定者，此定即非堪任之性。若能除此顯「有堪任」。能除於惑，說「堪能」言。此顯淨定之人得四種勝益。

云何修定人果：

頌曰：於此定門中，所說正修習，俗定皆明了，亦知出世定。

此頌意顯修習奢摩他、毘鉢舍那者獲現果故。若人能依所說定相修習之時，得諸世間勝果圓滿及出世果，如前已說。

問曰：如上所說欲明何事？

答曰：顯意樂依處，本依及正依，世間定圓滿，并了於出世。

釋曰：略說義周，爲會前事故說斯頌。如最初云「求脫者」爲顯意樂圓滿，「積集」者依處圓滿，此明有心修定必須依託積集資糧故。「於住勤修習」者，顯本依圓滿。如經中說：「佛告諸苾芻，汝等先當依定能盡有漏，是我所說。」若欲求出生死海者，離於正定無別方便。「得三圓滿」者，顯正依圓滿，明師資承稟決定可依。「有依修定人」者，此顯修習圓滿。諸有智者，如前所說，遠離放逸，正修行時，世間諸定悉皆圓滿，及出世間咸能證悟，顯得果圓滿。

六門教授習定論一卷

國家圖書館出版品預行編目資料

佛教禪定學寶典：六門教授習定論釋義 / 無著菩薩造頌；世親
菩薩注釋；三藏法師義淨奉制譯； 溫金柯釋義. -- 初版. -- 新北
市：華夏出版有限公司, 2024.06
　　面；　　公分. - -（圓明書房；063）
ISBN 978-626-7393-55-0（平裝）
1.CST：佛教修持 2.CST：禪定

225.72　　　　　　　　　　　　　　　　113004624

圓明書房 063

佛教禪定學寶典：六門教授習定論釋義

造　　頌　無著菩薩
注　　釋　世親菩薩
翻　　譯　三藏法師義淨
釋　　義　溫金柯
出　　版　華夏出版有限公司
　　　　　220 新北市板橋區縣民大道 3 段 93 巷 30 弄 25 號 1 樓
　　　　　電話：02-32343788　傳眞：02-22234544
E - m a i l　pftwsdom@ms7.hinet.net
印　　刷　百通科技股份有限公司
　　　　　電話：02-86926066　傳眞：02-86926016
總 經 銷　貿騰發賣股份有限公司
　　　　　新北市 235 中和區立德街 136 號 6 樓
　　　　　電話：02-82275988　傳眞：02-82275989
　　　　　網址：www.namode.com
版　　次　2023年6月初版一刷
定　　價　新台幣 280 元　　（缺頁或破損的書，請寄回更換）

ISBN：978-626-7393-55-0